AF451123

LOS MONSTRUOS BAJO LA CAMA

Alan G. Ramírez R.

EDIQUID

LOS MONSTRUOS BAJO LA CAMA
© Alan G. Ramírez R.

Editado por: Corporación Ígneo, S.A.C.
para su sello editorial Ediquid
Av. Arequipa 185 1380, Urb. Santa Beatriz. Lima, Perú
Primera edición, junio, 2023

ISBN: 978-612-5112-11-8
Impresión bajo demanda

Hecho el Depósito Legal en la Biblioteca Nacional del Perú N° 2023-04575
Se terminó de imprimir en junio del 2023 en:
ALEPH IMPRESIONES SRL
Jr. Risso Nro. 580 Lince, Lima

www.grupoigneo.com
Correo electrónico: contacto@grupoigneo.com
Facebook: Grupo Ígneo | Twitter: @editorialigneo | Instagram: @grupoigneo

Diseño de portada e ilustraciones:
Dulce Liliana Temores Alcántara

Colección: Integrales

Contenido

Agradecimientos 7

Prólogo. 9

El monstruo bajo la cama 11
    Primer monstruo. 11

El portal de los muertos 19
    Segundo monstruo. 19

Aeropuerto. 25
    Tercer monstruo 25

Ezequiel 33
    Cuarto monstruo 33

Tan real como el cielo. 46
    Quinto monstruo 46

Las princesas no existen 59
    Sexto monstruo 59

Ariel. De regreso al portal de los muertos 66
    Séptimo monstruo. 66

La historia de Alan 77

Agradecimientos

Bajo la cama:

A mis monstruos, los mismos que me acompañan un lunes por la mañana o la tarde que te visito en tu casa. Gracias a ellos por demostrarme el valor que nace de mi interior y ayudarme a entender que mi vida transita en diferentes planos emocionales y espirituales.

A mis ángeles, aquellos que cohabitan en el mismo espacio donde viven y se reproducen mis monstruos.

Sobre la cama:

A mi amado Gabo, por salvarme tantas veces y de tantas formas; siempre serás mi hermoso comandante de armas.

A Dulce Temores, por ser mi compañera de vida, mi guía, mi esperanza y el amor. Gracias por invitar a mis monstruos a comer en nuestra mesa.

A Paco, por ser un espectador viviente de mis historias; gracias por imaginar y ser parte de ellas.

Prólogo

Alan G. Ramírez R. es cuentacuentos y en ello reside el valor de sus relatos, él escudriña la realidad para desvelar los misterios que habitan en la vida cotidiana y nos muestra con sencillez que los sueños que no soñamos acaban por despertarnos. Cuenta para contar, es decir, observa, describe y analiza para explicar en una prosa sencilla y profunda por qué somos como somos o por qué hacemos lo que hacemos.

Si los amorosos de Sabines encuentran alacranes bajo la sábana, los monstruos de Ramírez aparecen bajo la cama, y solo lo hacen si dejamos de soñar para buscarlos. Es impactante la analogía derivada de sus cuentos: la ficción supera la realidad, pues es inalcanzable e incomprensible; pero esta última no. Como en los horizontes del pensamiento mágico, en sus textos desfilan nuestras inconsciencias, alimentadas por el frenesí del hacer para extraviar al ser. Cuanto más me ocupo de mis fantasmas, más se diluye mi esencia en un tiempo psicológico agobiante, en un ayer o en un mañana impensable, imposible.

Las variantes del miedo, la ansiedad, el mercado de la soledad o la depresión se entrecruzan en pensamientos, palabras, acciones y actitudes del no ser y del no estar. Después de adentrarnos en laberintos propios y ajenos, el autor nos ofrece también las salidas mediante actividades que permiten el autodescubrimiento, el perdón, la toma de conciencia, la comprensión y la esperanza. A través de una escritura coloquial, crítica y directa, *Los monstruos bajo la cama* se inscriben en la

narrativa de la imaginación al servicio del aprendizaje signifi-
cativo, la liberación y el encuentro.

Dr. Alejandro Byrd Orozco
Secretario de Extensión Universitaria
y Vinculación Institucional
de la Facultad de Estudios Superiores Acatlán

El monstruo bajo la cama

Los monstruos no solo habitan en los roperos, debajo de las camas o detrás de las puertas, los monstruos habitan en nosotros y pueden ser nuestros grandes aliados o nuestros más terroríficos enemigos.

Alan G. Ramírez R.

Primer monstruo

Hola, soy Leonardo, pero mis amigos me dicen Leo, ¡es un gusto conocerte!

Te voy a platicar sobre algo que ha pasado en mi recámara en las últimas noches y que me tiene preocupado y bastante asustado.

Soy el hijo de Carlos y Andrea, ellos me aman mucho y me cuidan. Yo vivo solo con ellos, sin embargo, desde hace una semana tengo un visitante en mi habitación; yo no lo invité ni mucho menos, de hecho, cuando entro a mi cuarto dispuesto a descansar, él ya se encuentra ahí y no me deja dormir. La primera noche que lo escuché parecía que una locomotora bufaba debajo de mi cama, sentí mucha angustia y como pude salí corriendo a la habitación de mis padres y, como ellos aún se encontraban despiertos, les conté acerca del «extraño no invitado». Mi padre me dijo que ese tipo de cosas no existían, así que me llevó a mi cuarto, prendió la luz y me mostró que debajo de la cama no había nada; se despidió y encendió la lámpara con forma de mi videojuego favorito que tengo incrustada en la pared. Esa noche me quedé dormido con mucha dificultad.

A la mañana siguiente, durante el desayuno, antes de ir a la escuela, nadie comentó lo sucedido; seguro pensaban que fue una tontería de niños. Sé que lo que oí fue real, solo que me hacen poco caso por mi edad.

El segundo encuentro con mi extraño visitante fue aún más terrorífico. De noche, ya en mi habitación, de entre las rejillas que están en las puertas del clóset salió una luz destellante; yo pensé que era un ángel, pero a los pocos segundos volví a escuchar esa especie de locomotora que bufaba como un monstruo dispuesto a morder; no pude hacer nada, me quedé paralizado y quise gritar, pero en vez de eso solo salió un chisguete de voz, finalmente grité y grité hasta que mi madre me escuchó e irrumpió en la habitación, yo señalé con mi dedo el ropero; no obstante, cuando ella lo abrió, el monstruo otra vez había desaparecido. En esa ocasión, mi madre me llevó consigo a su cama para que pudiera conciliar el sueño, y mi padre se enojó tanto con ella, que se fue a acostar al sillón grande de la sala de estar.

Al día siguiente, mis padres poco conversaron. Hasta ese momento me di cuenta de que ellos ya no sonreían, es como si algo hubiera cortado su felicidad, al parecer llevaban días enfadados; entonces yo supuse que era culpa del extraño no invitado y no iba a permitir que un tonto ser de armario viniera a arruinar nuestra dicha, así que si el monstruo regresaba a mi alcoba, ¡esta vez tendría su merecido! Entonces, me preparé con un cinturón y un bate con el que los domingos mi papá me enseñaba a jugar béisbol; por la noche, tomé la leche con el cereal azucarado como de costumbre y me fui a descansar con toda la decisión y fortaleza que puede tener un chico de 6 años. Mientras estaba acostado, creía que él ya no vendría, pero estaba equivocado.

Empecé a dormitar cuando mi estómago me avisó que algo malo iba a pasar. Una respiración lenta y profunda empezó a retumbar debajo de la cama. Ya no era una locomotora, esta vez sentía que era una bestia lista para embestirme. Volteé hacia la mesita de noche y vi aquel cinturón junto con el bate que había preparado, entonces pensé que el distanciamiento de mis padres era por ese intruso, por lo que me levanté de la cama evitando ser atrapado por él y de tres zancadas pude tomar el bate, di una respiración larga y profunda y ya listo para acercarme a la guarida de la bestia, me agaché y vi algo que nunca olvidaré: dos ojos grandes y blancos como pelotas de béisbol que me miraron fijamente. Me atemoricé tanto que nada pude hacer, solté el bate y de nuevo me puse a gritar, una vez más salió un chisguete de voz acompañado por otro chisguete que mojó mi pantalón; en medio de aquella horrible escena, entró mi madre para rescatarme.

Después de esa noche todo cambió. Mis padres no hablaban entre sí y si lo hacían era solo para discutir. Yo me sentía culpable porque creía que ese incidente estaba rompiendo su relación. Durante días dormí en el cuarto de mis padres solo con mamá y mi padre dormía en mi habitación. En una ocasión, él me dijo que ya se había hecho amigo del extraño visitante; de hecho, me comentó que era un buen chico; morado, peludo, amigable y que, seguramente, había salido de una serie de televisión; esto me llevó a pensar que si mi papá podía ser su amigo, no existía ningún impedimento para que yo también lo fuera.

Durante dos semanas junté toda la fuerza y coraje para regresar a la habitación y enfrentar al no invitado; además, ya era tiempo de volver a ver juntos a mis padres. Cuando le platiqué a mamá acerca de mi decisión, ella se sorprendió mucho, pero me apoyó. En la tarde, durante la hora de la comida, se lo dije a papá, él me felicitó y terminó su conversación diciendo que si llegaba a necesitar algo, tan solo gritara que él estaría ahí para ayudarme. Sabía muy bien que la idea del bate y el cinturón no había funcionado y que el no invitado no se iba a rendir fácilmente, así que analicé una y otra vez la situación para escoger la mejor forma de derrotar a esa enorme bestia.

Así pues, la inevitable noche llegó y con ella la oportunidad de salir victorioso. En la mesita, ya estaba dispuesto todo mi arsenal para terminar con el extraño visitante, era tan poderoso el armamento que él no iba a poder saber con qué le pegaría. Esa noche me despedí de mis padres y les dije que ya me iría a acostar, ellos estaban incrédulos de que en verdad hiciera esa proeza, sin embargo, para su asombro, me atreví y me fui solo a la habitación. Ya recostado, mirando el techo de mi morada, esperaba su visita. Pasó el tiempo y él no llegaba, así que empecé a ser presa del sueño, mis ojos se cerraron y comencé a soñar con el parque donde siempre me llevaba papá, en él había niños jugando; era un día muy lindo y soleado; en medio de toda aquella diversión estaba el señor que vendía los algodones de azúcar más deliciosos del mundo, y justo en el momento en que papá me iba a comprar uno color rosa, se empezó a escuchar una locomotora, al principio el ruido era distante, pero después era tan nítido que sentía que me iba a arrollar.

Abrí los ojos y observé el techo de mi habitación, mis manos sudaban con un líquido frío y pegajoso, y mi corazón simulaba el motor de aquella locomotora. Traté de tranquilizarme para poder ponerme de pie e ir por el armamento que aguardaba en mi mesita de noche. De pronto, ya no se escuchó más el bufar de la locomotora y entonces supe que era mi oportunidad para ir por mi equipo y enfrentar a la bestia. Brinqué de la cama y en tres pasos ya había tomado el arsenal, tenía las dos manos ocupadas y sabía perfectamente que el monstruo no se resistiría al suculento manjar que tenía para él. En una mano tenía un plato lleno de galletas sabor a plátano con chispas de chocolate de las que horneaba mamá, y en la otra, un vaso de leche blanca, ya que mamá decía que esas galletas eran muy dulces y siempre daban sed. Como pude me agaché debajo de la cama y ahí estaba el monstruo con sus ojos grandes y blancos como pelotas de béisbol, estaba muy nervioso, le acerqué las galletas y después le aproximé la leche blanca. Esa noche descubrí que hablaba el mismo idioma que yo, y que también le gustaban los algodones rosas que vendía el señor del parque. Platicamos durante un buen rato, tanto que me quedé dormido en el piso y mis padres tuvieron que entrar a la habitación para acomodarme en la cama.

Por la mañana, antes de desayunar, fui a buscar a mis padres para decirles que el extraño visitante ya era mi amigo. Cuando entré a su alcoba, mi madre yacía sola en la cama, fui en busca de papá y una vez más lo encontré recostado en la sala de estar. No entendí lo que pasaba, ¿por qué no se encontraban juntos?, si el monstruo y yo ya éramos amigos y él jamás me volvería a atemorizar.

Esa noche fue la última vez que durante mi niñez vi al no visitante, a los pocos días de aquel suceso mi padre tomó sus maletas y se fue de la casa; finalmente, se separó de mamá y nunca más volvieron a estar juntos. El monstruo nunca tuvo la culpa de la no felicidad de mis papás, eran ellos los que tenían sus propios monstruos bajo la cama…

Hola, soy Leonardo, pero mis amigos me dicen Leo, es un gusto volver a saludarte; tengo 27 años y te voy a platicar que cuando niño descubrí a un monstruo bajo la cama que bufaba como una locomotora y que, hasta hoy en día, en ocasiones, me visita. Por suerte, ya somos amigos y sé que le encantan las galletas sabor a plátano con chispas de chocolate que hornea mi madre, también le gusta acompañarlas con un vaso de leche. De pequeño nunca me quiso decir su verdadero nombre, hoy sé que se llama Ansiedad y apareció justo en el momento en que mis padres se separaron. Descubrí que el «monstruo» no es un monstruo, es un amigo que me avisa cuando algo anda mal para que ponga atención a ciertos acontecimientos de mi vida.

Te voy a contar un secreto: si algún día un monstruo llega a aparecer en tu vida, no lo rechaces, porque hará de todo para que lo conozcas, mejor ofrécele leche con galletas y escúchale pacientemente porque de seguro tiene algo muy importante que contarte.

Conociendo al primer monstruo

En el día a día, todos en algún momento queremos enmascarar o justificar el temor que a veces representa vivir, y buscamos en el exterior la respuesta de lo que se encuentra en nuestro interior.

En el siguiente espacio, te invito a que dibujes al monstruo o a los monstruos que te atemorizan en la noche o a plena luz del día. No te límites, trázalos como tú quieras; con cuernos, con garras y dientes afilados; o bien, con una gran sonrisa, peludo y oliendo a frutas. Tus monstruos serán tan feroces o amigables como tú lo decidas. Quizá podamos descubrir juntos que ellos son como el de Leo o como los míos, que solo bufan y gritan para ser escuchados, pero en el fondo todos son morados, peludos, amigables y, seguramente, salieron de una serie de televisión.

Al finalizar tu dibujo, escribe todas las características de tu «extraño no invitado» y coméntame por qué crees que se manifiesta así.

Te dejo mi red social para que podamos luego interactuar: https://www.facebook.com/losmonstruosbajolacama

¿Y cómo ES?

El portal de los muertos

Segundo monstruo

Mi padre insistió tanto esa mañana en que lo acompañara a salir. Su religiosidad no era la mejor, de hecho, yo nunca lo veía postrado frente a un altar o comulgar. En ocasiones lo observaba sentado sobre ese cojín naranja de olanes que, para ser sincero, cuando él no estaba, yo lo hurtaba para ocuparlo con Mariana. Esa mañana de domingo no tuve resaca, ya que la noche anterior había estado con ella, (si él supiera que en la almohada donde él hacía «¡Ooommm!» y ella hacía «¡Aaah!»). Mi padre decía que «¡Ooommm!» era el sonido cósmico de la primera vibración, y terminaba su definición aseverando que ese sonido era como el ojo de un buey: abierto al infinito.

La verdad es que yo no entendía nada de eso, de hecho, se me hacían puras tonterías y jamás tuve la voluntad de tratar de entenderlo, yo prefería escuchar sus necedades que verlo pegado a la foto de mi madre. Por eso, esa mañana acepté lo que según él era «hacer tareas en equipo», además, últimamente hablaba tanto del portal de los muertos que accedí para que ya no me molestara. Él contaba en sus historias «bizarras» que en aquel lugar había podido platicar con mi abuela que ya llevaba cinco años de muerta, también, que conocía la ubicación de mi madre. Ubicación o localización era algo que me valía tres hectáreas de vida, porque cuando ella se marchó me quedó claro que no quería estar más a nuestro lado. En fin, así era mi viejo, de buen corazón y un poco cegatón. Yo le decía que si íbamos a comprar mercancía con Thyron, igual tendríamos el mismo efecto, pero él se enojaba y me respondía: «No digas tonterías, nada más me entere de que te drogas, y te vas directito anexado con tu tía de Coahuila». Ja, ja, ja, viejito hablador...

Ese día, mi padre prendió el carro y empezó a tocar el claxon como desesperado.

—¡Ya baja, André! —me gritaba.

Yo me puse la sudadera negra y bajé las escaleras con parsimonia para hacerlo desencajar.

—Lo bueno es que no tuve señoritas, pero igual ¡contigo pago todas las que debía! —continuó diciendo mientras me subía al vehículo. Yo solo sonreía sin expresar nada—. Este lugar te va a fascinar, el aire libre, la naturaleza, la calma de la vida... —pero no me pude contener y solté una carcajada—. ¿De qué te ríes?

—De nada, pa.

Tardamos una hora en llegar, estaba en una de las zonas más concurridas de la ciudad donde había museos, parques e incluso zoológicos. Yo hacía de todo con tal de ver bien al viejo. Ya estábamos en el sitio, él nunca me dijo que el portal de los muertos estaba dentro de una cueva. En la entrada, estaba su gurú espiritual, un ancianito vestido de blanco, con el cabello y la barba larga y cana, que de todo sonreía.

—Tu padre siempre me habla mucho de ti, André —me dijo.

Yo solo asentí con la cabeza para saludarle, pero no supe qué contestarle. Luego, nos invitó a pasar. Dentro de la cueva había más personas, todas ellas se parecían en algo a mi padre, pero yo no sabía identificar en qué. Antes de iniciar la meditación guiada, todos conversaron un poco. En un rincón de la cueva, había varios cojines apilados, eran redondos y de unos 20 centímetros de alto por 40 de ancho.

—Tomen sus zafus —dijo el anciano.

Ese era el nombre de las almohadas, me aproximé y tomé una, mi padre dijo: «¡apresúrate para tomar el mejor!». Él se veía muy emocionado y yo no entendía qué era lo maravilloso en todo esto.

Para mi sorpresa, la cueva no era tan fría o tan oscura como se esperaría, en realidad era un lugar agradable. Coloqué mi cojín junto a mi padre, y el ancianito loco de la clase comenzó a decirnos que en la meditación la postura lo es todo. Parloteaba y parloteaba de las posturas del cuarto de loto, del medio loto y del loto completo, no dejaba de hablar, que la espalda rígida, que las rodillas no tan arriba, que las manos juntas o separadas, y todos le obedecían. Me empezaba a desesperar, no obstante, traté de aguantar hasta que vino lo peor: repetir como tontos, una y otra vez, una palabra «quesque» para concentrarse. Dizque un mantra y no sé qué tanta sandez, lo cierto es que su meditación trascendental me estaba poniendo muy de malas.

De repente, poco a poco todo se convirtió en silencio. El anciano ya no habló, y entonces cada uno de mis pensamientos se hizo más grande; comencé a sentir miedo de poderme escuchar, así que abrí los ojos y giré la cabeza para ver a mi padre, él seguía en lo suyo. Cerré de nuevo los ojos y pasó algo muy curioso, pensé en mi madre y su partida, en esa travesía que ella inició para olvidarnos; nunca le confesé a mi padre que yo también tenía una fotografía de ella dentro de uno de mis libros, para verla y decirle que la amaba y le reprochaba su ausencia, su negligencia.

¿A quién se le puede ocurrir marcharse y dejar a un niño de 7 años solo con su padre?, aunque el viejo lo hacía bien, yo la extrañaba, la añoraba. Sin embargo nunca regresó su mirada. Esa estúpida idea de mi padre que me hacía recordarla con su «ella te ama, ella tuvo sus razones», ¡siempre queriendo justificarla!, ¡siempre argumentando sus ideas tontas para que yo curara mi dolor! Eso yo nunca se lo pedí, yo vivía feliz con lo que era…

Pasaban los minutos y ocurrió lo peor, sin quererlo comencé a llorar. Esto fue el acabose, así que me levanté y hui de esa estúpida cueva. Mi padre salió a los pocos instantes únicamente para escuchar mis reclamos, solo para escupirle en la cara que por su culpa mi madre me había abandonado, algo que no me constaba, pero siempre se lo había querido decir; y finalicé mis gritos diciéndole que en cuanto tuviera la oportunidad me iba a largar de su vida como lo había hecho ella. Él no contestó nada, tan solo tomó las llaves del auto y de ahí nos fuimos a casa. Su brillante idea de ir al portal de los muertos había levantado los míos.

De esa discusión nunca más hablamos y tampoco le ofrecí una disculpa. Desde entonces, han pasado varios años, ahora soy padre y mi madre nunca volvió. El viejo terminó por irse de una grave enfermedad que estoy seguro le ocasionó la falta de mi madre. Todo el dolor que él reprimió sé que lo mató.

Fue el mejor padre que pude tener, siempre tuvo la entereza de estar de pie cuando todo se desmoronó, siempre me amó y toleró mis tonterías, mis reproches de los cuales él nunca tuvo la culpa. Él se quedó a mi lado para verme crecer, para amarme y auxiliarme cuando más lo necesité. Él se quedó cuando los demás se fueron. Él fue el mejor padre, pero tristemente nunca se lo dije, él fue ese ejemplo que hoy utilizo para formar a mi hijo cada día.

Y cada una de mis palabras y acciones van encaminadas a enaltecer su nombre. Después de más de 20 años de mi primer visita al Portal de los Muertos el mismo ancianito sigue siendo el gurú, la diferencia es que hoy cada domingo voy al Portal de los Muertos a escuchar mis pensamientos.

Conociendo al segundo monstruo

¿Cuántos seres queridos has visto convertirse en cenizas? André ha visto algunos, y yo más de los que quisiera, sin embargo, es cierto ese dicho que se menciona después de que ocurre una muerte: «la vida sigue». El gran problema de esa frase es que no viene con un instructivo que nos indique cómo seguir. Tú, André y yo lo tendremos que descubrir a nuestra manera, ya que no existe un camino único que nos conduzca a la resignación y a la paz.

El primer punto elemental es que deberás tenerte la mayor paciencia y tolerancia posible. Habrá días en los que estarás mejor y al esbozar una sonrisa te sentirás culpable de que ella o él ya no estén, y otros más, en los que gritarás, llorarás y mencionarás todas las injurias que conozcas y ni con eso vas a sacar todo el dolor que hoy envenena tu cuerpo, alma y corazón.

Si deseas continuar, al final tendrás que aceptar que partieron, que son energía y esa será la nueva y única forma de volver a sentirlos. Con el pasar de los días, las semanas y los meses te sentirás mejor, y eso no significa que los hayas olvidado, sino que ahora forman parte de ti, pero de otra manera. Las semillas que pusieron durante años en tu corazón han dado los nuevos frutos que te acompañarán siempre.

Por lo anterior, te pido que adquieras una semilla y la siembres en tierra fértil y me compartas imágenes de la nueva vida que surgió del amor de esa persona que ya no está.

Recuerda que puedes comentar tu experiencia en mi cuenta: https://www.facebook.com/losmonstruosbajolacama

¿CÓMO va tu PLANTITA?

AHH!
OMM!

Aeropuerto

Tercer monstruo

Esa mañana de diciembre tomé a sorbos el latte caliente, para sofocar el frío inclemente; las manos se me congelaban y la presión de la reunión de trabajo del día de hoy, no me había dejado dormir la noche anterior. Si perdía el contrato con la firma, mi jefe seguramente me iba a echar de la oficina y, para completar esta bella escena, el vuelo llevaba media hora de retraso.

Los nervios me estaban matando. ¿Qué pasaría si no lograba el contrato?, ¿qué pasaría si la firma se iba con otra agencia? Ellos eran nuestros principales inversionistas y, en palabras de mi jefe, «yo era el encargado de cumplir esa titánica misión». En las últimas fechas, las decisiones que había tomado la agencia con la marca que hoy iba negociar no les habían gustado del todo. Si mi jefe me corría, no tendría para pagar la hipoteca del departamento nuevo, y ni qué hablar del auto; de seguro la concesionaria me lo quitaría a patadas. Ya me imaginaba viviendo debajo de un puente, con las sobras de los demás y siendo amigo de la señora de los gatos que todo el día se la pasaba vociferando improperios.

Siempre me preocupaba demasiado por el futuro, tanto que en ocasiones se me iban las oportunidades de las manos. Había envidiado toda la vida a las personas que parece que nada les preocupa, como ese señor que se encontraba a tres asientos de distancia, se veía tan tranquilo y relajado. Desde que llegué había estado escuchado música y leyendo una vieja revista. No se inmutaba por la media hora de retraso. Se veía tan dueño de la situación que me comencé a enfadar y le pregunté:

—Disculpe, ¿no está preocupado por la demora del vuelo?

—La verdad que no, amigo —respondió el señor que tenía el cabello cobrizo y moteado por algunas canas, bueno, las que se podían apreciar, ya que la gran mayoría de su cabeza estaba cubierta por un sombrero de copa cónica que le daba un aire detectivesco y lo cubría del frío, además, lo acompañaba con un abrigo que caía por debajo de las rodillas—. Disfruto mucho estar en este lugar, siempre he pensado que la vida de todos nosotros es una gran sala de espera donde aguardamos para abordar ese avión que nos conduce a un nuevo destino. Algunas veces tenemos la fortuna de escoger a nuestro acompañante, otras más conocemos gente en el viaje y otras veces, al llegar al destino, encontramos a esa persona maravillosa que será nuestro copiloto por el resto de nuestros viajes.

—Es una frase muy poética —le dije— sin embargo, el pago de las deudas no se realiza con hermosas letras, y en la soledad de la miseria lo único que cuenta es el efectivo. Los mejores amigos que puedo tener son los billetes que se encuentran ahora en mi cartera.

—Una contestación muy pesimista para un joven de su edad —me replicó— y, a juzgar por su apariencia, no creo que esté en la miseria. Por la soledad, ni se preocupe —decía mientras doblaba y guardaba la revista en una de las bolsas de su abrigo— en realidad, nunca estamos solos, los seres humanos estamos interconectados eternamente, como nosotros en este momento. Nuestras acciones son como ondas en el agua que de manera inevitable tocan y modifican la vida de los demás, pero eso jamás debe preocuparle porque lo quiera o no esa es una constante. Por ejemplo, hoy sus decisiones y acciones afectarán a un buen número de personas, a esto se le conoce como el efecto mariposa...

Este señor comenzó a filosofar como mis profesores de la facultad y continuó diciendo:

—Lo que sí debe ocuparle es escoger ese vuelo y animarse a abordarlo sin pensar en las consecuencias, porque para lamentarnos ya habrá mucho tiempo, pero para vivir esos viajes no sé si contemos con el tiempo suficiente.

—¡Ese vuelo ya lo escogí! —repuse de forma abrupta—. Tan cierto es que ahora me encuentro a su lado esperando un viaje que tuvo que iniciar a hace más de 40 minutos.

—¿Le puedo preguntar algo?

—Sí —le contesté.

De cualquier forma, ya había perdido tanto tiempo que una charla con este tipo no haría la diferencia. Levantó la ceja derecha, me observó por un momento y expresó:

—¿Su viaje es de placer o de negocios?

—Por negocios —confirmé.

—Se nota por la presión que refleja su semblante, y dígame, ¿cuándo hará un viaje de placer?

—No lo sé aún, no lo tengo contemplado, en esta temporada hay mucho trabajo en la oficina —el señor analizó por un instante mi respuesta y exclamó:

—Pero ¿no cree que los viajes a los que debe dar prioridad son los que le dan dicha en la vida? Sabe, hay muchas personas que nunca se atreven a hacer un viaje, y si lo hacen, es por decisión de alguien más, por ejemplo, por un trabajo. Es una bendición tener una actividad remunerada, siempre y cuando esta nos acerque a lo que anhelamos. He aprendido que es muy similar viajar por obligación, o bien, quedarse estático en esa sala de espera a la que llamamos vida. Existen personas que viven de manera permanente en esa sala de espera, no se mueven, por ende, podríamos decir que sus ondas en el agua son más ligeras que las de los demás, y no pueden atraer o alejar ciertas circunstancias, solo están en el agua y se dejan llevar por la marea mientras se quejan a cada instante por la desgracia de su destino, sin recordar que nosotros nacimos para ser una causa y no una consecuencia de nuestra existencia.

»Desean contar con ese amante o amigo para sus viajes, pero, ¿y qué hacen?, o bien, desean estar en ese lugar paradisíaco para descansar, pero, dígame, ¿cómo pretenden llegar ahí?, porque sentados en esta sala de espera viendo llegar y despegar cientos de aviones no lo podrán lograr como tampoco si viajan por órdenes de alguien más. Yo he aprendido con la experiencia que cada quien vive el drama que desea. La muerte de un familiar, la pérdida de un trabajo o el término de una relación por sí sola representa un gran dolor, eso es lógico, y nos tomaremos el tiempo necesario para superar el duelo, sin embargo, pasar de esa circunstancia a creerse víctimas de Dios, de un embrujo o del destino pienso que dista mucho de la realidad.

Cuando las personas a las que amé decidieron partir —el señor extendió su aseveración— y alejarse de este plano, sentí un gran dolor, en menos de una semana perdí a mi segundo hijo y a mi madre, pero eso que viví me sirvió para entender que nada podemos cambiar y lo único que podemos hacer es elegir cómo lo queremos enfrentar. Ahora, déjeme relatarle una historia popular llamada «Esto también pasará»:

Había un rey que le dijo una vez a los sabios de la corte:

—Tengo un anillo con uno de los diamantes más finos del mundo y quiero esconder un mensaje debajo de la piedra que pueda ser útil en una situación de extrema desesperación. Daré este anillo a mis herederos y quiero que les sirva. Piensen en qué tipo de mensaje podría haber allí. Debe ser muy corto para que quepa en el anillo.

Los sabios conocían cómo escribir tratados, pero no se expresaban en una frase corta. Pensaron y pensaron, mas no se les ocurrió nada. El rey se quejó del fracaso de su aventura con un viejo y fiel sirviente que lo crio desde la infancia y era parte de la familia, quien le contestó:

—No soy un sabio, no tengo educación, pero sí sé de ese mensaje. Durante tantos años en el palacio conocí mucha gente y una vez serví a un místico visitante a quien invitó su padre y me dio este mensaje escrito en un papel: «Le pido que no lo lea ahora. Guárdelo debajo de la piedra y ábralo solo cuando no haya salida».

El rey escuchó al viejo sirviente. Después de un tiempo, los enemigos atacaron el país y el rey perdió la guerra, así que huyó en su caballo, estaba solo, sus enemigos eran muchos y comenzaron a perseguirlo, pero él cabalgó hasta el final del camino donde había un enorme acantilado profundo delante de él, si caía allí, ese sería el final. De pronto, oyó el ruido de los cascos de caballos, ¡eran sus enemigos que se acercaban! No podía regresar y tampoco tenía salida, por lo que entró en desesperación, pero recordó el anillo. Lo abrió y encontró una inscripción que decía: «Esto también pasará». Después de leer el mensaje, sintió que todo estaba en silencio. Al parecer, los perseguidores se perdieron y procedieron en la dirección equivocada. Los caballos ya no se escucharon. El rey estaba lleno de gratitud hacia el sirviente y el místico desconocido. Las palabras fueron poderosas. Cerró el anillo y emprendió el camino. Reunió a su ejército y devolvió su estado.

El día que regresó al palacio, organizaron una reunión magnífica, una fiesta para todos, la gente amaba a su rey y este estaba feliz y orgulloso. Un viejo sirviente se le acercó y le dijo de manera amable:

—Incluso en este momento, mira el mensaje de nuevo.

—Ahora soy un ganador, la gente celebra mi regreso, no estoy desesperado, no estoy en una situación desesperada —dijo el rey.

—Escucha a este viejo sirviente —respondió su empleado—. El mensaje no solo funciona cuando todo es malo, también funciona en momentos de victoria.

El rey abrió el anillo y leyó la frase que decía: «Esto también pasará».[1]

Ahora, viejo amigo, te contaré que la primera gran lección que aprendí en este inmenso aeropuerto fue el hecho de que en esta vida todo pasa, nada durará lo suficiente para hacerte feliz siempre; ni un trabajo ni una propiedad ni siquiera una persona, tampoco habrá un eterno suplicio del cual no puedas salir. Cuando siento dolor o alegría en la vida, me repito constantemente: «Esto también pasará». Así que te invito a que disfrutemos nuestra estancia en este grandioso aeropuerto en espera del siguiente vuelo y de ese compañero o compañera de viaje que nos conducirá a un hermoso lugar, ¡pero recuerda!, para que esto pase, debemos tener el valor de abordar ese vuelo, o decidir

---

1 Ignaccolo, N. (s. f.). «Esto también pasará». Recuperado el 11 de mayo del 2023. https://nataliaignaccolo.com/cuento-esto-tambien-pasara/.

nosotros el destino y no esperar que alguien más nos dé un itinerario, porque al final de la vida todo pasará, incluso la angustia que ahora mismo sentimos por la demora de este vuelo, que por cierto… ¡acaban de anunciar que ya podemos abordar!

¿Y tú qué vuelo emprenderás?

Conociendo al tercer monstruo

¡Qué importante es la aceptación!

Si el protagonista de esta historia hubiera aceptado que el vuelo iba con retraso, quizá se hubiera angustiado menos. Aun así, hizo todo lo contrario, peleó contra la situación y contra sí mismo y al final no consiguió nada. En ocasiones, los seres humanos confundimos la aceptación con la obediencia, cuando en realidad aceptar es reconocer nuestras limitantes para la resolución de un problema, y esto no significa que nos hemos rendido, por el contrario, nos convierte en seres más astutos y adaptables, ya que buscamos de forma consciente las herramientas que habitan en nuestro interior para hacerle frente. Es cuestión de descubrir nuestra capacidad de discernimiento entre lo que realmente está en nuestras manos y podemos cambiar y aquello sobre lo cual no podemos tomar decisiones ni acciones, de no ser así, pelearemos por años una batalla que quizá desde un principio se ha perdido.

A continuación, hay un cuadro de triple entrada en cuyo primer apartado escribirás qué situación estás enfrentado. En el segundo, anotarás las herramientas con las que le cuentas para hacerle frente y, en el tercero, apuntarás si puedes o no cambiarla y por qué.

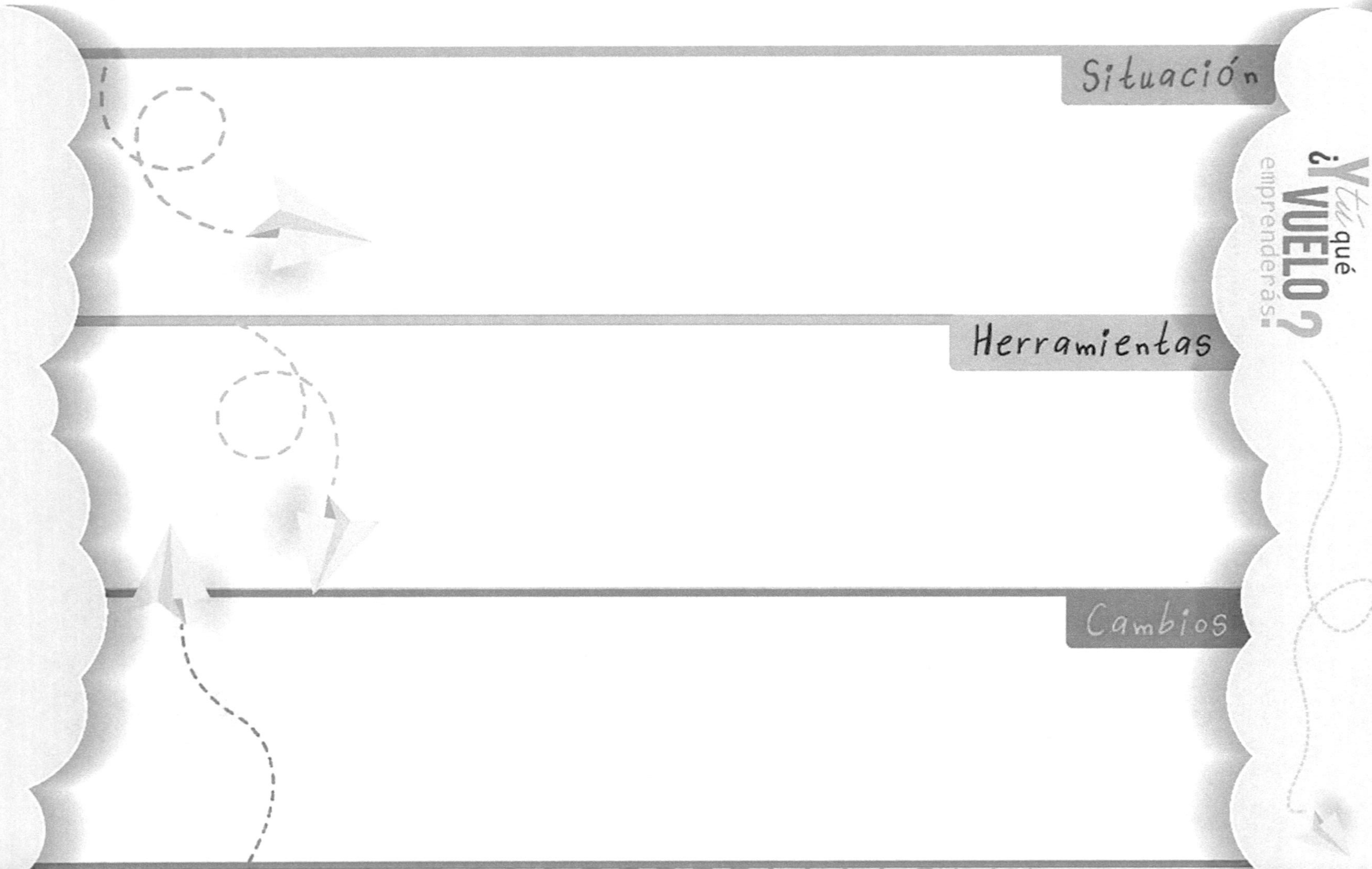
¿Y tú qué VUELO emprenderás?
Situación
Herramientas
Cambios

Ezequiel

Cuarto monstruo

La soledad nos visita de forma misteriosa, nos ancla a una vida de penumbra, a menos que aprendamos a convivir con ella y con nosotros mismos.

Ezequiel era un hombre común de los que se suele encontrar en una banca del parque o en un mercado haciendo alguna faena. Había desarrollado miles de soliloquios, de aquellos que solo mantienen los locos, para encontrar reparo a una vida que lo había engañado. A pesar de ello, era capaz de sostener una plática elocuente con otra persona; sin embargo, su pasatiempo favorito era platicar consigo mismo. No era raro verlo lanzar aspavientos por el aire cuando estaba en presencia de nadie. La soledad lo había llevado a ese extremo donde no es necesario interactuar con ninguna persona para tener una charla inteligente.

Su tiempo se dividía entre hacer mandados en los mercados y tomar pequeñas siestas de quince minutos en intervalos de tres horas, ya que por las noches en una habitación de 170 pesos el insomnio no respeta a nadie y toma el sueño de quién se deje. Esas siestas eran la fórmula perfecta para recobrar la vida, y le daba la energía suficiente para pedalear a sus más de 70 años una destartalada bicicleta. Él había peleado contra la soledad toda su vida, desde pequeño sus padres no fueron consecuentes. A la edad de 7 años su padre le dio su primer cajón lleno de dulces para enfrentar la vida y sus ojos se llenaban de lágrimas al pensar por qué otros niños de su edad no tenían que trabajar; y se preguntaba incesantemente por qué su padre no lo felicitaba al vender toda la mercancía, pero sí le reprendía al regresar con dulces en la charola, lo mandaba a la cama sin cenar y al día siguiente no desayunaba. Cuando el castigo era peor, recibía una buena tunda. Su niñez no fue la mejor, pero la percibió como la manera de forjar carácter y hacer frente a los problemas del día a día.

En su adolescencia, no cambiaron mucho las cosas, continuó con empleos temporales que lo hacían salir adelante con sus necesidades. A los 21 años de edad, comenzó a laborar en aquella casa de judíos donde conoció a Sofía. Ella era la mujer más encantadora que se pudiera imaginar, trabajaba asistiendo a los dueños de la casa, mientras él hacia los mandados. Por las tardes, a la hora de la comida, Sofía le servía una ración grande de un platillo que preparaba ella misma y lo acompañaba de un vaso con agua de frutas. Ezequiel nunca había recibido esas atenciones, por lo cual no fue difícil que se enamorara perdidamente de esa mujer de ojos avellanados y piel tersa. En las mañanas, antes de llegar a la casa grande, pasaba por un mercado cercano a su vivienda, hacía algunas labores, como lavar los pasillos y tirar la basura de los locales, para llevarle a la cocinera el ramo de flores más hermoso que se ha visto por 30 pesos.

La primera vez que le dio el presente lo hizo a hurtadillas. Entró por la puerta de servidumbre que había en la casa, misma que conducía directo al patio chico y de ahí a una puerta pequeña de lámina, casi imperceptible, esta a su vez lo llevaba a la parte trasera de la cocina donde se acumulaba toda la basura. Sin pensar, se aproximó como ladrón que desea no ser advertido por su víctima, ella se encontraba de espaldas picando la fruta para el desayuno y cuando volteó, lo tenía de frente con el ramo y con el corazón en las manos:

—Sofía, te agradezco todo lo que haces por mí —le dijo.

—No sé por qué lo haces, pero sí sé que me pones muy feliz —aseveró el chico con voz trémula.

Sus ojos denotaban más gusto y amor que agradecimiento, la chica sonrió y asintió con la cabeza. Se ruborizó tanto que él no supo qué hacer. Desde ese momento, aquel hombre no tuvo más reparo en hacerla sentir especial. Todos los días llegaba con algo nuevo del mercado; un chocolate, una flor o algo que a ella le hiciera falta. Las horas se convirtieron en días, los días en semanas y las semanas en amor. El sentimiento del mandadero pronto fue correspondido y los encuentros furtivos dentro y fuera de la casa no se hicieron esperar. A escondidas, la mujer le hacía un pequeño refrigerio para que él lo comiera durante las noches. Aquel joven de cabello oscuro y dientes aperlados comenzó a trabajar más fuerte cada día para poder ofrecerle a Sofía algo distinto a una vida de servidumbre. Por primera vez, sintió el deseo se ser alguien más. Durante las noches, después de su refrigerio, Ezequiel estudiaba hasta que el sueño lo vencía. Continuó sus estudios hasta certificarse en enseñanza media.

De aquellos encuentros de cuerpo y alma pronto tendrían noticia. En marzo, la chica tenía un mes de estar encinta.

—¿Qué vamos a hacer?, ¿cómo se los diremos a los patrones? —le preguntó a Ezequiel.

Él no sabía con exactitud qué contestar, solo la apretaba fuerte contra su pecho, y ese era el pacto perfecto para saber que no estaba sola y él permanecería para solucionar la situación. El tiempo es inclemente y nunca perdona un descuido o una palabra pronunciada y, en esa tempestad, acordaron pronunciarse con los patrones de la casa. El acontecimiento no fue bien recibido y los dueños decidieron echar a Sofía. El hombre, que se encontraba solo desde los 17 años, vivía en el centro de la ciudad, en un cuarto donde su privacidad en muchas circunstancias era casi nula, ya que debía compartir el baño con sus vecinos. En el patio común de las viviendas, se veían correr a las ratas de un lado a otro para poder robar los trozos de comida que en él pudieran hallar y no era raro que en ocasiones estos roedores entraran a las casas para morder las pertenencias de sus inquilinos cuando estos no estaban. En medio de aquella pestilencia, transcurría la existencia de Ezequiel.

No tenía dinero para algo mejor; la pobreza y la soledad no dan muchas opciones cuando en realidad lo único importante es poder medio comer para seguir. Cuando Sofía se quedó en la calle, su única posibilidad de tener techo era regresar al pueblo con sus papás, sin embargo, Ezequiel, le ofreció aquella vivienda con todo su corazón. Él creía que esa circunstancia sería temporal, como lo es todo en la vida, y que muy pronto les podría dar a su mujer y a su hijo algo mejor. Con esa idea en mente, comenzaron a vivir en aquel cuarto que no era mayor a las bodegas pequeñas del mercado donde a veces descargaba mercancía. Se hicieron las modificaciones pertinentes y de manera casi inmediata ese lugar se convirtió en un hogar. Ella buscó trabajo en donde Ezequiel pasaba ahora todo el día corriendo de un lado a otro para juntar más dinero. Sofía fue recomendada por unos de sus amigos y empezó a trabajar en una cocina precaria; martajaba[2] salsas, calentaba y ayudaba en la

______

2 En Honduras y México, según el *Diccionario de la Real Academia Española* significa quebrar y extender una porción de masa.

plancha. En poco tiempo, aprendió a manejar de forma diestra la plancha y podía elaborar tres platillos a la vez.

—Si sigues así, Sofí, pronto serás dueña del local —le decía entre risas Marilú, la encargada del lugar.

Por un momento sintieron que su amor fue coronado con una enorme felicidad que los haría vencer cualquier desdicha. El joven nunca se olvidó de continuar con la misma costumbre de llevarle cada noche algo que la hiciera sentir amada y protegida, el único problema real, si es que se pudiera nombrar así, eran esas molestas ratas que entraban a la morada cuando ellos no estaban, mordisqueaban todo y dejaban sus excrementos por cualquier parte. En una ocasión, hallaron un pan de caja devorado por aquellos asquerosos roedores. Usaban de todo para librarse de ellos: polvos, líquidos, gises y hasta trampas, pero no lo lograban, entonces optaron por instalar una placa de metal por debajo de la puerta de su casa para bloquearles el paso; con ello contuvieron a la plaga por un rato y, así, el nicho de amor por fin tuvo algo de paz. Sin embargo, solo fue necesario que transcurrieran algunas semanas para que los animales regresaran.

El embarazo continuaba avanzando, Sofía llevaban más de tres meses de gestación y la pareja no podía ser más dichosa, porque ya habían pasado los primeros meses que, en ocasiones, son los más complicados. Ezequiel compró ropa de colores neutros para su bebé, ya que aún no conocía el sexo, y para su mujer hubo innumerables regalos. Le obsequió varios conjuntos de maternidad que la hacían ver angelicalmente hermosa y digna de un portafolio de comercial. En medio de aquel paraíso, ellos planearon esa vida que solo desean los enamorados. El bebé ya tenía nombre, contemplando las dos opciones de sexo, incluso imaginaban cómo sería darle un hermanito.

Con poco dinero, pero con mucho amor aquella relación se convirtió en la historia perfecta de un escritor. Pero nada en esta vida permanece sin cambio alguno y todo es eventual. Los seres humanos estamos siempre a merced de aquello que llámanos destino, y ellos no serían la excepción. En el sexto mes de embarazo, Sofía sintió diversos malestares de los cuales el médico que los atendía no tenía respuesta.

—Haremos diferentes estudios para saber qué es lo que aqueja a su esposa. Ella deberá permanecer en el hospital —dijo el médico.

Esa fue la primera de muchas noches que la pareja pasó uno al desamparo del otro. Sofía tenía erupciones por todo el cuerpo, los ojos enrojecidos y fuertes dolores de cabeza. El panorama empeoró y los síntomas comenzaron a presentarse con fiebres altas y hemorragias internas. La situación no cambió durante días, ella seguía debilitándose y consumiéndose en una cama de hospital.

—Señor, hacemos todo lo humana y científicamente posible, —dijo el médico— pero no encontramos el origen de la sintomatología de su esposa, se encuentra muy delicada y podemos esperar cualquier cosa.

Con esas palabras en la mente, el joven que ya tenía más de dos días sin dormir entró al cuarto a ver a Sofía, ella se encontraba sedada. Ezequiel no podía entender lo que estaba sucediendo, porque ella mes con mes había acudido a sus consultas de rutina e incluso llevaba al pie de la letra los cuidados y la dieta prescrita.

—Mi vida, ¿qué está pasando? —le preguntaba Ezequiel entre lágrimas—. No dejes de luchar, yo estoy esperándolos para ser esa familia que soñamos…

Permaneció en el cuarto llorando su desgracia. Al paso de unos minutos se incorporó y salió de la habitación para recibir más indicaciones del médico; luego se marchó a su casa, y una vez más encontró esos nauseabundos roedores devorando la última rodaja de pan del desayuno del día anterior. Trató de conciliar el sueño para descansar y volver junto a su esposa, pero una llamada lo alertó; era del hospital donde estaba internada Sofía, le pidieron que acudiera de inmediato para darle el nuevo parte médico. Ezequiel se levantó como pudo, tenía el corazón y la mente en completo desajuste. En el hospital, lo esperaba Franco, el médico encargado de la salud de su mujer, y apenas lo vio le preguntó:

—Ezequiel, ¿en tu casa tienes mascotas de algún tipo?

—No, para nada.

—Es que en los últimos estudios que le hemos hecho a Sofía encontramos que ella tiene la enfermedad de Weil, mejor conocida como leptospirosis, y está en una etapa muy avanzada. Esta enfermedad se contrae generalmente por el contacto con la orina o secreciones corporales de animales bovinos, perros o roedores, ya que es allí donde habita la bacteria.

Entonces, Ezequiel recordó a la rata devorando la rodaja de pan y respondió:

—Hemos tenido una plaga de ratas que no hemos podido controlar.

El señor de bata impecable levantó la ceja y movió la cabeza, como aquel investigador que ha resuelto un crimen, y le dijo directamente:

—Te seré sincero, el pronóstico de que tu mujer se recupere es muy bajo. Será necesario administrarle algunos antibióticos que son muy fuertes y que, por el cuadro de salud tan delicado que presenta Sofía, es muy probable que pierda a su hijo. Lo siento mucho, pero es la única forma de prevalecerle la vida.

Ezequiel se sintió abrazado por ese sudor frío que solo experimentan los condenados a muerte.

—Debes firmar esta responsiva para iniciar con el procedimiento —le dijo el hombre encargado de salvar a su mujer, mientras sostenía los formatos.

No había otra opción que no fuera firmar, así lo hizo Ezequiel y como ya no había vuelta atrás, se dispuso a ser fuerte para ayudar a su mujer.

Esa misma noche la muerte se presentó antes sus ojos y tomó la vida de su único hijo. Su mujer había tenido una hemorragia tan fuerte que fue necesario hacerle un legrado, aun así el estado de Sofía no mejoraba. Durante esas horas, la muerte acompañó sigilosamente al hombre que le acababa de arrebatar a su único hijo, y le comentó como los seres humanos atesoramos más los recuerdos y las vivencias, que en si a las propias personas. Luego le susurró en el oído:

—Abrázala fuerte mientras aún esté aquí, porque pronto formará parte de ese gran valle de donde nadie regresa.

De pronto, una alarma aguda y estruendosa interrumpió su charla. Ezequiel vio que un equipo de enfermeros liderados por Franco corría para reanimar a un paciente. Él se levantó enseguida para preguntar si se trataba de su mujer, pero nadie le respondió. Después de quince minutos Franco salió de la sala…

—Tu mujer acaba de tener un paro respiratorio. Logramos reanimarla, se nota que desea vivir; sin embargo, está muy débil y solo regresó para despedirse de ti, ven, entra —fueron las palabras del médico.

Ezequiel entró y la vio inconsciente conectada a miles de aparatos que le procuraban la vida. La tomó de la mano y la besó en la frente, sus lágrimas no cesaban y, en medio de aquel drama, solo le pudo decir lo mucho que la amaba, que había hecho todo lo posible por salvar su vida y la de su hijo, pero había fallado. Le dijo tantas veces que lo disculpara, que la amaba y que no lo abandonara. No obstante la muerte siempre llega en el momento exacto, nunca tarde, nunca temprano. Y en esta ocasión no fue la excepción. La soledad lo acompañó más fiel que nunca.

Al entierro de su mujer nadie llegó, tanto solo él estuvo frente a esa tumba que fue cubierta con varias palas de tierra y una pequeña cruz hecha por dos palos de madera que él mismo improvisó. Para las tres de la tarde, las primeras gotas del mes de julio cayeron sobre su alma; él permaneció inmóvil esperando que aquello fuera un mal sueño, donde de un instante a otro sería despertado por ella. La vida inclemente no tuvo compasión por su dolor, y el tiempo envejeció junto con él, dejó de ser ese joven inquieto que pensó que podría remontar la vida, para darle paso a aquel humano que se sentía incómodo en presencia de los demás.

Continúo laborando en los mercados con la tristeza colgada en la cara. Por las noches, encontraba paz en frascos que no solo adormecían su mente sino también su corazón. Existieron mujeres en su camino, pero ninguna de ellas era Sofía. Llegaban y partían a veces por dinero otras por compañía. Nadie llenó ese espacio que deja la muerte y la añoranza de saber que lo anhelas no pertenece al mundo viviente.

Los días se convirtieron en semanas, las semanas en años y los años en esa pesada loza que deja la ausencia; una mañana, sin percatarse del paso de la rutina, se descubrió viejo y solo frente a un espejo que no escondía el dolor inconmensurable del cual había sido víctima desde aquella partida. El miedo de morir sin nadie a su lado creció cada vez más, en realidad,

Ezequiel no había hecho nada para cambiar el destino. Sabía que no habría quien cerrara sus ojos al momento de morir, por lo que decidió abandonar esa vieja casa donde moró por más de cincuenta años acompañado de las mismas ratas que le habían robado a Sofía. Tristemente, este hombre cuyo caminar ya era lento y penoso permaneció allí todos estos años para ver si corría con la misma suerte que ella, pero la vida es caprichosa y ese final nunca llegó.

El hotel donde ahora dormía era mucho más cómodo que aquella pocilga, tenía todos los servicios, incluso wifi y televisión de paga, pero la verdadera razón de la mudanza, no fue la comodidad, ni los servicios: fue el hecho de saber que al morir en aquel hotel pronto su cuerpo sería descubierto, a diferencia de la vivienda que habitaba donde podría pasar varios días antes de que levantarán sus restos y quizá, y solo quizás alguien cerraría sus ojos... En el mercado donde trabajaba, todos los locatarios lo conocían con diferentes motes, desde el Chabacano hasta el Lucas, todos ellos le guardaban un cariño especial, aunque él nunca lo notó.

Un hermoso día del mes de julio el cuerpo de Ezequiel recibió sepultura a un costado de la tumba donde yacían su hijo y su mujer. Las primeras gotas del mes cayeron sobre sus tumbas; los locatarios, sus amigos, asistieron a su sepelio. La muerte lo sorprendió en una de sus acostumbradas siestas durante las cuales recobraba la energía para seguir viviendo, solo que en esta ocasión nunca más abrió los ojos. Una chica dueña de un puesto de comidas tomó su mano aún tibia y se percató de que ya no tenía pulso.

La soledad nos visita de forma misteriosa, nos ancla a una vida de penumbra, a menos que aprendamos a convivir con ella y con nosotros mismos. La soledad no es mala, ni es buena, es necesaria para saber quiénes somos y hacia dónde nos dirigimos. Se debe de aprender a escucharla con la sabiduría de un niño, que al estar solo no hace prejuicios y aprender a jugar. Ezequiel no fue responsable de la poca capacidad de sus padres para amarlo y cuidarlo. Él nunca fue responsable de las muertes de su mujer y su hijo. Solamente fue responsable de abandonarse y dejarse morir desde su juventud esperando que llegara esa persona que cambiara su vida.

Conociendo al cuarto monstruo

¿Qué es la soledad y qué función tiene en nuestra vida?

En ocasiones, creemos que la soledad es la consecuencia de una mala acción o actitud que tuvimos frente a los demás, y que por ello se apartaron de nuestro entorno; entonces, nos consideramos los responsables de esa decisión, no obstante, la soledad no es un castigo ni la consecuencia de una mala acción, al contrario, el estar solos debería ser una elección tan natural como consumir o no un determinado alimento, ya que esto nos conduce a una introspección que nos permite escuchar el latido de nuestro corazón para saber que estamos vivos y que debemos tomar en cuenta nuestros pensamientos.

Lamentablemente, hemos estereotipado la soledad como la incapacidad de convivir con otros, y la vemos como una condena que hay que pagar por no satisfacer el capricho de alguien más. Las personas se pueden alejar o acercar sin que les importe nuestra manera de ser, ya que todos somos seres con autonomía, por lo cual nunca debemos comprometer nuestro albedrío por el simple hecho de estar en compañía. Debemos abandonar la creencia de que valemos desde la mirada de alguien más, la realidad es que todos valemos a partir de nuestra propia percepción.

La soledad es más que una decisión, de hecho, es una obligación porque ella siempre nos brindará el silencio necesario para escucharnos y descubrir lo que ahora mismo nos hace falta para encontrar la maravillosa persona que habita en nosotros. Muchas veces le tememos a la soledad porque esta nos lleva a reconocer lo que en verdad somos. Quizás, al principio, eso que nos autorrevelamos no nos haga sentir felices, pero descuida, te prometo que solo es el comienzo.

Ahora bien, lo primero que debes hacer es identificar si la soledad que estás enfrentando parte de un hecho o de un sentimiento, ya que es no es lo mismo una circunstancia de vida que nos está haciendo sentir solos, porque percibimos que nadie nos comprende, a diferencia de que en nuestra vida diaria no contamos con amigos o familiares que nos acompañen. Por lo cual te pido que hagas una lista con esas personas que hacen tu vida maravillosa y coméntales una palabra de agradecimiento por ser parte de tu vida, ya sea de forma presencial, o mediante una red social. Si por el contrario notas que no tienes muchos compañeros de vida, entonces, es momento de cultivar amistades, para ello, te recomiendo que asistas a reuniones, que conozcas gente nueva y no permitas que acabe tu día sin decir algo agradable a una persona. Recuerda tratar a los demás como te gustaría ser tratado.

¡No olvides! Que si estás viviendo una circunstancia poco favorable que te hace sentir solo, debes poner en práctica lo que aprendimos con la historia del rey del capítulo Aeropuerto: al final de la vida, «esto también pasará». En el apartado que aparece a continuación puedes anotar esas frases de agradecimiento a todas las personas que hacen tu vida mejor.

Lista de personas importantes en mi vida

Recuerda que siempre te esperaré

Mi vida:

No olvides nunca lo importante que eres para mí.   Te amo

Tan real como el cielo

Quinto monstruo

La observé durante varios días, semanas y meses y esperé el momento justo para atacar. He sido como un asesino serial que sabe que su víctima se encuentra a un palmo de distancia, que solo es cuestión de alargar la zancada para alcanzar el objetivo. Sé que mi analogía con un asesino serial no es la mejor y mucho menos cuando se habla de amor, pero a veces en mi mente habitan esos pensamientos y es mejor expresarlos que dejarlos adentro.

Esa chica ha tenido mi mente atormentada por semanas, algo similar a la ansiedad que me diagnosticaron hace más de diez años, y es ese padecimiento el culpable de que haya fallado en la conquista de esa hermosa señorita. Soy capaz de imaginar cualquier circunstancia y sentirla como si fuese real. El gran inconveniente es que siempre vislumbro escenas aterradoras.

Mi padre siempre dice que me cuesta el mismo esfuerzo pensar cosas buenas que malas, por ende, asegura que el control de toda esta situación se encuentra en mi interior, esto lo afirma porque él no sabe lo que es vivir con una loca en la casa; aun así, mi intención de hablar con esa señorita que tiene ojos avellanados, verdes y marrón es genuina. Un deseo voraz que nace del fondo del estómago, parecido a la ansiedad, aunque con un lindo final. Ese deseo no se reprime ni se calla con nada, es más grande que yo, y aún no he encontrado la forma de presentarme y decirle que me llamo Franco y tengo 27 años; y que ella es la causante de que yo me inventé todas las mañanas algún pretexto para estar a las nueve en punto en la estación Buenavista, desde donde inicia su viaje al trabajo para luego seguir hasta la estación La Bombilla.

¡La verdad! Las primeras veces, esperaba hasta que ella bajara del metrobús para descubrir su destino. Les confieso que no me es grato alejarme mucho de casa, pero hacerlo por esta joven vale la pena. Es maravilloso poder verla con ese cabello rizado cobrizo que discurre por debajo de los hombros y que hace un perfecto contraste con lo blanco de su piel. Esa sonrisa que aniquila cualquier tristeza y ese mirar que mata cualquier inseguridad. No tengo las palabras exactas para definir su cuerpo, no sé cómo describirlo, lo único que les puedo decir es que ella tiene esa condición natural capaz de enamorarte un martes cualquiera mientras vas por la calle; con darle un vistazo te atrapa y te hacer saber que es amor y no solo atracción. Ella tiene cada parte de su cuerpo en el lugar adecuado para resaltar su agraciada figura, en definitiva, es una belleza por la cual vale la pena dejarte «pescar».

Siempre he lucido más viril de lo que en realidad soy; uso la barba por debajo de la barbilla, arracadas en ambos lóbulos, mi cabello es largo y mido 1,90 metros de altura, nunca me he considerado el hombre más atractivo de todos, pero este aspecto sí que me facilita el acercarme al sexo opuesto, aun así, nadie sospecha de mi ansiedad. Seguirle los pasos a esta chica me ha ayudado a manejar mejor lo incómodo de mi enfermedad, por lo cual mi objetivo no ha sido cosa fallida.

Después de tantos meses de verla cruzar frente a mí, hoy me he armado de valor para hablarle de este juego en el que ella es la ficha principal, así que la seguiré unas cuadras antes de que llegue a su trabajo, y justo ahí voy a ejecutar mi plan maestro.

Sé que se llama Liliana porque en una ocasión escuché que el vigilante del edificio donde ella labora, un tipo gordo de poco cabello, mencionó su nombre.

Una vez más, hemos llegado a la estación La Bombilla, y yo tengo el pretexto justo en la frente. Ella acaba de bajar del vagón reservado para las mujeres en el que siempre viaja y yo he comenzado a seguirla de manera discreta, debo ser cauteloso o pensará que soy un maniático. Hoy es el día para conocerla, de no ser así, en verdad moriré, ya no puedo continuar conformándome con solo ver su silueta.

Ella ha caminado tres cuadras y está a tres minutos de llegar a su trabajo, así que debo apurarme o llegará a la puerta principal y un día más habrá terminado para mí. Sigue avanzando, creo que otra vez se comienza a escapar la ocasión, ¡si tan solo Dios se compadeciera de mí!, pero siento que no soy su favorito, sé que no hará nada para que ella se acerque. Mientras más se aleja, más apresuro el paso para alcanzar su hombro. Estoy a punto de cumplir la misión, pero ella se detuvo abruptamente, por poco nos tropezamos. Algo se cayó de su bolso, así que aprovecho para hablarle:

—Hola.

Y de inmediato le ofrezco ayuda, ella sonríe, me da las gracias y me comenta que se ha perdido su labial. Lo buscamos por algunos instantes sin éxito.

—Debo estar en mi trabajo o me correrán.

Al finalizar la frase sus comisuras se levantaron ligeramente en forma de un breve gesto de gusto. Sus labios son más voluminosos de cerca y su color acerezado hipnotiza.

—¿Te puedo acompañar?

—Sí —me responde luego de pensarlo un poco.

De esta manera he empezado mi conquista, ¡con el pie derecho!

Liliana es mucho más bella de cerca, tiene un olor dulce e inquietante, fresco y atrayente, parecido al que tiene los frutos frescos en primavera, de hecho, me hace recordar al huerto de la abuela.

Ya hemos llegado a su trabajo y sé que debo hacer un movimiento audaz para continuar conociéndola.

—Ha sido un placer coincidir en esta situación, y todo por un labial —esto fue lo que se me ocurrió comentar, tratando de ser gracioso, pero no lo consigo. Ella me observa con mirada profunda y juega un poco con su cabello—. Espero poder terminar esta plática en otra ocasión y en un lugar menos bullicioso.

Busco proseguir con mi estrategia, pero ella no contesta nada y me deja ahogado en la desesperación, solo me vuelve a responder con esa mirada profunda y después de unos segundos de silencio, que parecieron años, toma la iniciativa para la despedida.

—Si debe ser, entonces pasará y será grato charlar contigo en otro lugar.

La tarde que siguió a la conversación con Liliana pensé y repensé lo sucedido, no supe si en verdad quería otra vez cruzar caminos conmigo o solo fue amable. Aún me cuestiono sobre por qué dejó que me ahogara en ese grito de silencio y no me dio algo a qué aferrarme. Amabilidad, eso es todo lo que me dio. Después de varias horas buscando esclarecer la situación, resolví que lo mejor era no buscarla más, porque de querer verme me hubiera dado una señal, pero eso tristemente nunca pasó. Además, para mí, el amor siempre ha sido complicado, jamás he sabido descifrar a las mujeres, me parece que cuando dicen que sí, en realidad te quieren decir que no, y cuando te dicen no, en realidad te quieren enamorar. Y ni hablar de cuando se trata de tener intimidad. A veces con una plática es suficiente para conocer lo más profundo de su ser y el coordinado de su lencería, y en otras ocasiones, aunque se atraviesen litros de tequila, no se es capaz de conseguir ni siquiera su número de celular. Después de tantas elucubraciones, mi mente me dictó que la distancia era lo mejor.

Los días no fueron fáciles después de esta decisión. Mi ansiedad se tomó como algo personal esa derrota con Liliana. En las noches, el insomnio me dominaba y comenzaba a preguntarme si esa chica tenía el más ligero atisbo de mi recuerdo. No me atrevía a regresar a Buenavista por miedo a un rechazo real, por lo menos ahora tenía el aliciente de no haberle sido indiferente y con eso preferiría quedarme.

Mi trastorno se convirtió de nuevo en ese monstruo bajo la cama que estaba listo para atacar, dispuesto a morderme los dedos de los pies y mascarlos hasta engullirlos por completo. La agorafobia, o, en otras palabras, el miedo a las multitudes, regresó con toda su furia y de un instante a otro pasé a un estado tal que no podía ni siquiera salir de casa. El solo hecho de imaginar el cielo azul e inmenso, sin principio ni fin, me hacía sentir que en cualquier punto iba a ser abducido por él o me iba a aplastar con toda su cólera como si yo fuera una hormiga a la cual se mata con el poder de un dedo; esta sensación se conoce como anablefobia y consiste en un miedo irracional a mirar hacia arriba.

No me sentía en condiciones de enfrentarme a un espacio tan abierto, como lo es la calle, sin la certeza de una protección. Mientras vivía aquellas horribles escenas, el olfato me engañaba y percibía el ambiente saturado por un olor a frutos frescos. En los segundos donde la ansiedad me dejaba descansar y durante los cuales tenía mayor lucidez, me cuestionaba una y otra vez sobre lo que era lo real o no. Si de verdad existía Liliana y su andar por la bombilla, o bien, si era verídico el monstruo que habitaba detrás del ropero y me decía lentamente al oído con voz gutural que yo le pertenecía.

Recuerdo que cuando era más joven mis padres me llevaron donde un psiquiatra que me hizo sentir mejor de manera casi inmediata gracias a una pastillas de colores y formas singulares que me dieron paz, no obstante, eso fue por poco tiempo. Para prolongar el bienestar, me tuvieron que aumentar la dosis y los efectos secundarios eran perturbadores; tenía insomnio, descontrol metabólico, ligeras alucinaciones, la boca seca y una tremenda comezón que devoraba mi cuerpo. El hecho de vivir con tanta predisposición a la demencia me era muy perjudicial y tuve que aprender desde muy joven a esconder día tras día cada síntoma, aparentando ser una persona «normal» frente a los demás, fingiendo ser alguien extrovertido, siempre con una sonrisa en la cara para no incomodarlos porque, al final, nadie en ninguna parte estima al «raro» de la sociedad.

De mi padecimiento, solo sabían mis padres y aquel psiquiatra, ya que ninguna otra persona me generó confianza como para hablar de ello. Vivía mis pesadillas a cualquier hora del día, como algo natural. Yo era ese *friki* que peleaba a cada instante con su imaginación, y le decía que nada de eso era verdad. Yo era aquel sujeto que no dejaba que le tocaran las manos porque siempre estaban mojadas de tanto sudor. El mismo que de manera constante tenía piquetes en la cabeza como agujas de acupuntura y calambres que le marchaban hacia todas direcciones. Era ese, o eso, aunque nadie lo pudiera adivinar.

En este camino, aprendí a estar solo. Mi ansiedad creció tanto que en segundos tenías miedos exponenciales, como aquel de hacerme daño. Cuando iba a la cocina por un vaso con agua y veía el reluciente brillo del filo de los cuchillos, me erizaba la piel la idea de tomar uno de ellos y comenzar a hacer agraciados trazos sobre mi vientre y dibujaba en mi mente figuras que al ser plasmas cobrarían vida, mi vida, por lo que procuraba pasar de largo aquel cuarto para no mirarlos de frente, sin embargo, las ideas obsesivas surcaban mi cabeza mientras me preguntaba: «¿cómo sería la vida sin mí?, ¿de verdad, alguien lo notaría?; mis padres llorarían mi partida y se echarían la culpa el uno al otro por lo acontecido, pero ¿alguien aparte de ellos sentiría mi ausencia?». En el trabajo, sería remplazado por alguien más que podría hacer desde su casa la misma labor de diseño institucional que yo. Sabía perfectamente que alguien me suplantaría para hacer mis funciones, no sé si mejor o peor, pero alguna persona las acabaría realizando; entonces me preguntaba sobre qué me ataba a este plano terrenal, analizaba las posibles respuestas, sin que ninguna me convenciera.

Así me pasaba días enteros recostado en la sala de estar, sin hacer nada más que observar el techo, imaginando las figuras geométricas que se podían hacer con las hendiduras. Casi no dormía y llevaba dos días sin encender el ordenador, no me había conectado al trabajo y tampoco me había reportado enfermo. En esa maraña de pensamientos, por escasos minutos se presentaba Liliana con el largo de su cabello y la blancura de su piel y eso me hacía cuestionarme de nuevo la idea de qué era lo real, y pensaba: «una mujer tan perfecta jamás entendería lo que es la ansiedad». Al fin, llegué a la conclusión de que lo real era todo aquello que sentía, desde las ganas desesperadas por verla hasta la idea de un potencial suicidio. Así fueron mis horas, mis días y mi vida creando circunstancias que aún no existían, aunque con una gran posibilidad que ocurrieran.

Entraba a la cocina tratando de ignorar la presencia de esos filos que quizá me pudieran brindar otra oportunidad. Entendía la fuerza de esa idea, me parecía que esa opción podría ser tan concreta como todas las locuras que se me cruzaban por la cabeza. Desde que era niño tuve miedo de lo que pensaba, no sabía si mis pensamientos eran ciertos y eso nunca me dejó estar en paz. Ese miedo sin fundamentos siempre me había atormentado. Quizá y solo quizá si fuera capaz de realizar una de esas acciones de forma consciente, la angustia simplemente desaparecería, si por tanto una vez fuera capaz de hacer lo que la mente me mostraba, tal vez sería al fin libre.

Cuando lo tuve entre las manos, un torbellino de sensaciones e ideas se apoderaron de mi persona. Un mareo que estuvo a punto de desplomarme, un hormigueo que me recorría por completo y una gran luminosidad fueron suficientes para entender lo que iba a pasar. La primera figura que trazaría sería una luciérnaga, y el esplendor que de ella nacía era la prueba irrefutable de lo que seguía. Necesitaba conocer de una vez la verdad que se escondía detrás de mis miedos y de ese enorme cielo, el claro de sus días y lo oscuro de sus noches eran la analogía perfecta de lo que me sucedía.

Durante varios días el departamento había sido resguardo de la luz por unas cortinas gruesas que había instalado para evitar hasta el más pequeño resquicio de claridad. Me dirigí al cuarto trasero que tenía la cocina. Recorrí de un tajo las cortinas y por fin volví a apreciar ese infinito cielo y, antes de comenzar con lo pactado, lo miré otra vez y supe que en cualquier momento podía ser tragado, no obstante, tras las ventanas de mi hogar siempre me sentí seguro.

Entre más fijo contemplaba aquel cielo una nueva idea asaltó a mi mente ¿A qué realmente tenía miedo?, ¿era a lo infinito del cielo, a lo qué me hacía sentir o a lo que imaginaba que pasaría? En esos cuestionamientos, tuve claros dos puntos de vista: el primero, que la ansiedad me hacía sentir un miedo insano a perder el control y no saber más de mi razón. Asimismo, entendía que solo en el futuro existían las ideas que me abrumaban, es decir, solo podrían ser reales en un tiempo que aún no existía. Sin embargo lo que si era cierto es que ni yo ni nadie podía controlar el futuro, quizá podía prepararme para él, pero ni siquiera eso me daba la certeza de qué pasaría y cómo yo actuaría.

Si tan solo fuera capaz de fluir con esta mente tan inquieta y de dejar a un lado la necesidad de control, podría aceptar que nunca tendré la seguridad de lo que va a ocurrir. Por fin, luego de más de diez años, pude describir de forma lógica lo que padecía: sufría la angustia de vivir sin tener la certeza de lo que pasaría a futuro. Me preguntaba ¿cómo las personas «normales» podían con esa carga?

A la luz de este descubrimiento, observé con cautela la opción de esbozar esa luciérnaga en el abdomen. Decidí darme un tiempo más antes de hacer cualquier cosa. Dejé el filo en su lugar y prendí el ordenador. Pasé horas navegando en la internet y leyendo una variedad de páginas en las que muchos cibernautas aseguraban tener la solución para lo que me acontecía. Había terapias conductuales que aseguraban desactivar el mal funcionamiento de la amígdala cerebral que nos mantiene alertas para la supervivencia.

Leí los testimonios de personas que habían erradicado su mal con terapias novedosas que utilizan LSD y MDMA, que son las siglas de una droga derivada del ácido lisérgico y de otra que se obtiene de la anfetamina. Existía una gran gama de opciones para este padecimiento, no obstante, el que más me llamó la atención fue un método diseñado por un psicólogo chileno de apellido Pineda, quien aseguraba que mediante la aceptación, la respiración y la distracción era posible eliminar el mal hábito de la ansiedad que desarrollamos miles de personas. Él mismo había luchado muchos años contra este padecimiento. Para suerte mía, este psicólogo se encontraba en México mientras trataba a algunos pacientes. Atendía diversos tipos de ansiedad, desde el trastorno obsesivo compulsivo hasta el trastorno de la ansiedad generalizada.

Después de muchos intentos para comunicarme con él por correo electrónico y llamadas a su consultorio pude agendar una cita para el viernes siguiente a las diecinueve horas. Su consultorio se encontraba en la Roma Norte, por lo que me tocaba tomar una vez más el Metrobús y eso me hizo pensar en Liliana y en que tal vez después de estar en tratamiento tendría el valor para buscarla de nuevo en La Bombilla.

El día de la cita llegué cinco minutos antes para evitar contratiempos. El doctor Pineda me hizo esperar por más de quince minutos. Al paso de dicho tiempo abrió la puerta un doctor relativamente joven con cara afeitada y una enorme sonrisa que dijo:

—La veo la próxima semana a la misma hora, por favor, haga la cita con mi asistente —mencionó.

De pronto, un olor a frutos frescos inundó la recepción y de su consultorio salió la chica más linda que había observado; su cabello rizado cobrizo que discurre por debajo de los hombros y que hace un perfecto contraste con lo blanco de su piel. Esa sonrisa que aniquila cualquier tristeza y ese mirar que mata cualquier inseguridad. Era Liliana, al mirarme, me reconoció, esbozó un gesto de sorpresa y agrado con su rostro y me comentó:

—¡Encontré mi labial!, siempre estuvo en el fondo de mi bolsa, detrás del celular.

Por eso, hoy entiendo que la ansiedad es aquello que aun no comprendo, no entiendo, pero que hoy acepto y fluyo con mi propio pensamiento.

Conociendo al quinto monstruo

Es muy natural que existan situaciones de la vida cotidiana que nos generen ansiedad, impaciencia y tensión, por ejemplo, presentar una prueba, tener un problema familiar o tomar una decisión muy importante; pero cuando esa ansiedad es recurrente se termina convirtiendo en un miedo constante. Entonces, es cuando surge la pregunta obvia: ¿a qué le tenemos miedo?, en este caso, lo primero que responderíamos Franco y yo sería: a la ansiedad. Ahora bien, si la ansiedad es miedo, ¿se podría decir que le tenemos miedo al miedo?

La ansiedad se manifiesta de muchas maneras, puede presentarse en forma de pesadillas, en ideas obsesivas e incluso comportamientos repetitivos; no obstante, al final del día todo recae en una sola raíz que es la propia ansiedad. Si desaparece la ansiedad, desaparecen los síntomas, sean cuales sean.

Franco y yo hemos aprendido que la forma más práctica de convivir con la ansiedad es aceptándola como una forma natural de expresión que utilizamos cuando atravesamos una situación de conflicto emocional. Es mejor escucharla y observarla para saber qué nos quiere comunicar en lugar de quedarnos en el miedo. Además, es una sensación que no podemos evitar, por ello, cuando se presente, ponle toda tu atención y te darás cuenta de que aparece por apenas un instante y al final del día sigues siendo tú, solo que con el corazón un poco más agitado. La ansiedad es tan molesta como la comezón, pero es igual de inofensiva y siempre desaparece. ¡Solo suelta y confía!

A continuación, luego de haber analizado tu propio proceso de ansiedad, te invito a responder estas preguntas:

¿Cómo te sentiste?, ¿algo cambió de forma definitiva en tu vida?, ¿perdiste la razón?

Luego, puedes comentar en mi red social: https://www.facebook.com/losmonstruosbajolacama cómo crees que podrías enfrentar la ansiedad la próxima vez que llegue a tu vida.

¿**CÓMO** *te*? *sientes*

Algo cambió definitivo en tu vida ¿?

¿**TE** *volviste loco*?

¿ Qué harás a la próxima?

Las princesas no existen

Sexto monstruo

Victoria estaba enfrentando la mayor disyuntiva de su vida: elegir ser la novia de Alejandro o de Sebastián; ella sentía que su vida amorosa dependía de esa elección y que a tan temprana edad (14 años) no podía tomarlo a la ligera.

Alejandro era el típico chico que sería aceptado en cualquier familia; gran sonrisa, educado, cortés, cabello perfecto y excelentes calificaciones. Un sueño hecho realidad para cualquier chica de esa edad, mientras Sebastián era un joven desenfadado, muy inteligente, que se aprovechaba de eso, para entregar los mejores trabajos de la clase de forma extemporánea. Tenía un ángel especial y carisma natural que hacía caerles bien a todos los demás. Por la escuela ni se preocupaba, porque tenía su vida ya resuelta. Sería un gran actor reconocido, de talla internacional, cómo Diego o Gael, o por los menos eso era lo que le decía la gente que lo conocía.

Victoria sabía a voces de sus amigas que les gustaba a ambos, no obstante, ninguno daba el primer paso. Ella los aguardaba porque eran los más codiciados de la clase.

Es bien sabido que los jóvenes no tienen la virtud de la paciencia, y ella no podía esperar un minuto más para conocer quién de los dos sería el primero en tener su corazón, así que una tarde decidió pedirle a su abuela Esmeralda que le diera su opinión:

—Abue, ¿recuerdas lo que te platiqué de Sebastián y Alejandro?, todo sigue igual y no quiero esperar más.

Su abuela era una mujer llena de sabiduría y no quería que su nieta cometiera los mismos errores que ella, así que le contestó:

—La paciencia es una bella virtud, pero si no estableces un tiempo, se puede convertir en una larga esclavitud. Ve y trae el libro que se encuentra en la cómoda de mi recámara.

Victoria se apresuró para cumplir el cometido.

—Aquí está.

—Te leeré un cuento y después me responderás qué harás —dijo su abuela.

El libro era una antología de cuentos titulado «Lo qué pasaría». Esmeralda lo abrió de forma ágil y en un saltó de páginas ya se encontraba en el texto indicado. El relato se titulaba «La princesa color rosa», el prólogo decía lo siguiente:

La vida en espera es una larga conserva que muestra que aquello que se ama y se aclama no se debe atesorar, sino transformar con cada acontecimiento... con cada caricia de lo que llamamos tiempo.

Sentada impecablemente esperaba la bella princesa color rosa. Todas las tardes, en el enorme comedor de roble con incrustaciones de oro, añoraba la llegada del príncipe azul en su corcel blanco, pío, con afable sonrisa y arropado con su gran capa azul satinada.

Pasaban los minutos, las horas, los días y meses. Posaba con sus lindos labios sabor rosa y su agraciada mirada verde, al dueño de tan majestuoso cuerpo que cobraba vida al ser notado por los demás.

Su hermanastra malvada, era menos recatada y disfrutaba el pasar de los acontecimientos, como el pasajero que aprecia más el paisaje que en si el propio destino. Todas las tardes salía al bosque a deleitarse con la compañía de los gitanos, mal hablados, borrachos y sinceros de corazón. Cantaba, bailaba y jugaba barajas con ellos; apostaban rodajas de pan, botones, e incluso, objetos sin valor económico, pero con un gran acervo espiritual.

En las noches cuando llegaba al palacio podía apreciar a la princesa levantarse de forma ceremonial del comedor, con un aire de vejación, como si su existir fuera más penoso que complaciente. Un día trató de llevarla al bosque y presentarle a sus amigos, pero ella contestó:

—Una dama de nuestra clase no se muestra con personas fuera de lugar.

Por lo que la hermanastra estalló en una demencial carcajada que no era propia de una señorita de su abolengo.

Ambas damas franquearon las estaciones del año, pero la piel de la hermosa princesa comenzó a tomar un tono amarillento, parecido al que las rosas blancas poseen cuando ya no existe en ellas un resquicio de vida. Por el contrario, su hermanastra adoptó un bello cuerpo acinturado y con los depósitos de grasa necesarios para favorecer a cualquier hombre.

Una mala tarde, la princesa se encontraba en el jardín en su bordado semanal, cuando vio cruzar por la puerta de entrada a un príncipe exactamente igual al que ella había imaginado, incluso poseía el pequeño lunar color café en el pómulo izquierdo. Llevaba en brazos a su hermanastra, a quien había rescatado de un accidente que tuvo en el bosque, la acostó en la cama de sus aposentos con la cabeza reposada en un almohadón de plumas, para luego retirarse del palacio. Cada mañana el príncipe iba a ver a la hermanastra y le llevaba un gran ramo de flores que los gitanos juntaban para que él se las entregara, ya que ellos no eran bien vistos en ese lugar. Compartieron miles de instantes riendo, platicando de sus aventuras y de su placer por la vida; algunas veces intentaban integrar a la princesa en la conversación, pero nunca lo lograron.

Al término del siguiente verano decidieron unir sus vidas para crear una numerosa familia que contemplaba incluso a los gitanos. La celebración fue espectacular, los gitanos armonizaron la fiesta con sus cánticos y sus instrumentos improvisados, todos los habitantes del reino fueron invitados y bailaron sin parar, menos la bella princesa que ostentaba un pomposo vestido que le dificultaba caminar. Durante meses lloró por su desgracia y se preguntaba cómo era posible que su hermanastra se hubiera casado con el galante príncipe.

Una mañana, la princesa no bajó al comedor, por lo que subieron a su habitación para buscarla, pero ella no estaba allí, solo quedaban sus pertenencias, su ropa, sus joyas, excepto una piedra de sol que le había regalado su padre cuando era niña. Sus allegados hicieron lo imposible por encontrarla, mas nunca lo lograron. Muchos decían que se había cansado de ser un ornato más del grandioso castillo y se marchó para convertirse en una mujer.

Pasaron miles de años y lo único que se conserva de aquel castillo y la princesa rosa es esta historia.

—Ahora, hija, dime ¿por qué la princesa color rosa no se pudo desposar con el galante príncipe?

—Pues, abue, creo que nunca hizo nada para que eso pasara, solo esperó en su desesperación hasta que el tiempo se agotó.

—Así es —aseveró la abuela— además, siempre creyó en lo que dictaminaba la sociedad, ¿o no?, ella pensó que por ser una bella princesa su vida estaría resuelta, pero estaba equivocada —continuó Esmeralda—: la joven solo fue feliz cuando fue capaz de romper los estereotipos que le habían impuesto como parte de la realeza.

Ni tú ni ella deben pensar en solo ser conquistada o estar a espera de alguien más, menos aún en ser una posesión que se exhibe como una bella joya, ya que las mujeres tenemos la misma capacidad que los hombres para conseguir nuestra propia felicidad, ni siquiera necesitamos a un hombre para ser feliz. Dicho esto, creo que no deberías seguir esperando por ninguno de los dos, más bien, date tiempo para decidir con serenidad qué quieres que pase y, cuando lo tengas resuelto, haz todo lo posible para sea una realidad. Ahora, ve de nuevo a mi habitación y trae mi joyero. Victoria fue por el joyero y lo colocó en las manos de su abuela. Esta sacó de entre las prendas una bella piedra que brillaba como miles de soles en un infinito cielo y abriendo las manos de su nieta, le dijo:

—Cuando era joven, el brillo de esta piedra me mostró que yo también tenía mi propio resplandor y su validez no dependía de la mirada de alguien más. Primero brilla para ti y por ti y después, si es tu deseo, comparte tu brillo.

Victoria fijó su mirada en la piedra que su abuela le obsequió y por un instante se peguntó si ella habría sido aquella princesa.

Conociendo al sexto monstruo

En ocasiones, es muy difícil dejar de mirarnos desde la visión de alguien más y de creer que lo piensan; no obstante, debemos recordar que las personas que nos observan lo hacen desde sus experiencias y deseos y cuando aceptamos sus criterios, les damos un valor enorme en nuestra vida, debido a que muchos de nuestros comportamientos, emociones e incluso pensamientos estarán dirigidos a reafirmar o negar sus creencias sobre nosotros. De hecho, estamos tan acostumbrados a seguir los cánones de la sociedad que los aceptamos sin objeción alguna. Siendo así, vale la pena preguntarnos:

¿En dónde quedan entonces nuestro albedrío, nuestra individualidad y nuestra esencia original?

Podemos cambiar de escuela, de trabajo e incluso de pareja, mas no de esencia, lo que sí podemos hacer es adaptarnos a ciertas circunstancias y celebrar todo aquello que nos hace únicos entendiendo que no existe una fórmula única para el bienestar y la felicidad.

A continuación, te voy a pedir que pegues sobre el siguiente espacio una fotografía en la que aparezcas realizando algo que refleje tu esencia y hagas una descripción de lo que estás viviendo y sintiendo en la foto.

Pega tu foto aquí

♥

Describe cómo te sentiste cuando te tomaste esta foto

Ariel
De regreso al portal de los muertos

<(66)>

Debemos perdonarnos no con la palabra, sino con el corazón, siendo conscientes que nuestros actos pasados nunca podrán ser cambiados. Mirémonos como niños, con esa inocencia que libera el acto y la consecuencia. Seamos ese presente, ese regalo que se toma con las manos y que tanto se desea.

Alan G. Ramírez R.

Séptimo monstruo

La existencia es continua y no cambia a menos que uno lo decida. Tal como lo afirma la teoría de Nietzsche, «la vida es un eterno retorno», y solo podemos salir de ese infinito círculo siendo conscientes de quiénes somos y de nuestros actos. Solo así seremos capaces de decidir con libertad y no actuar de forma autómata, programados por un inconsciente que nos dice qué hacer y al que obedecemos sin saber por qué.

Hace más de veinte años visité el portal de los muertos, recuerdo el gran impacto que causó para mi ese lugar, asistí más por obligación que por convicción. Hoy continúo yendo porque me gusta conocerme y tener noticias de quién soy en realidad, de cómo y por qué actúo de uno u otro modo. Cada persona que comparte conmigo su mañana de domingo es mi mejor espejo, desde la señora que llega a todas las sesiones e interrumpe mis pláticas porque se cree dueña de la verdad absoluta hasta el chico que acaso tendrá unos 17 años y siempre está dispuesto a ayudar. De Doris, la señora que se cree dueña de la verdad, he aprendido a escuchar sin interrumpir a los demás y de Marco, el chico que está siempre dispuesto a ayudar, he comprendido que solo se ayuda a quien lo necesita y lo solicita; ¿por qué dar el consejo o la ayuda cuando no son solicitados? De ambos aprendí que debo respetar la vida de los demás.

Seguro te estarás preguntando por qué he regresado para escribir una vez más sobre el portal de los muertos. Tal como lo relaté en nuestro primer encuentro, mi padre falleció hace más de diez años, lo que no mencioné es qué pasó después de su partida, pero ahora mismo te lo contaré.

La vida me concedió la oportunidad de ser padre de dos hijos hermosos: Tadeo, que es toda la energía y la vida reunida del planeta en una sola persona. Él es muy ocurrente, le gusta bailar, jugar y soñar que será un gran bombero, aunque ahora me ha dicho que quiere escribir un libro sobre de su vida, y que necesita mi ayuda porque, según él, tiene ciertas lagunas mentales en sus primeros años de existencia, y si bien a sus 10 años ha de ser una tarea difícil, yo lo apoyo en sus locuras que me llenan de felicidad; y Ariel, que desde que llegó a la casa siempre ha sido más reservado, solo habla cuando se le solicita, no obstante, es el mejor consejero que he podido tener.

Cuando nació, no lloraba, siempre estaba descansando, parecía que guardaba cada instante de energía para continuar en esta vida. Él ha sido mi maestro en la sabiduría, me ha enseñado que un buen guerrero no es el que gana todas las batallas, sino es aquel que sabe elegir cada una de ellas. También me ha mostrado que perder no es malo, al contrario, es una oportunidad de ganar, porque cuando algo se va queda un espacio que puedes llenar con lo que más anhelas, y no me refiero precisamente a una persona.

En nuestro camino por la vida, perdemos de alguna manera, pues al elegir tenemos la oportunidad de obtener lo que deseamos, y al mismo tiempo perdemos la posibilidad de conseguir algo más, es como ir al cine y decidir qué película ver, en ese instante solo podrás mirar una, pero en la vida lo magnífico es que hay ocasión de ver más de una película. Incluso cuando no decidimos nada, ya tomamos una decisión, y es esto lo que he aprendido de Ariel. La manera en que maneja su vida es la forma que me motiva. Mis dos hijos han sido la inspiración para regresar al portal de los muertos.

Ahora te contaré algo más, siempre he deseado poder escuchar la voz de mi hijo menor, pese a mi empeño, jamás lo he podido hacer, o por lo menos no en este plano, ya que él nunca cumplió la edad suficiente como para hablar ni caminar, nunca pude escucharlo decirme papá. Él murió en mis brazos siendo un bebé.

Cuando viví esa despedida, de nuevo sentí el dolor de la ausencia; la partida de mi madre y la muerte de mi padre tomaron mayor sentido. Y en medio de aquel escenario, recibí una nota donde la madre de mis hijos me pedía el divorcio. La vida había cambiado una vez más sin que nadie me avisara o me preguntara si era así como yo lo quería. Como dijo Sabines:

«De la noche a la mañana me encontré con las manos vacías, con el corazón vacío, con la memoria como una ventana hacia la oscuridad...».[3]

---

3   Sabines, J. (s. f.). «Pasa el lunes». Recuperado el 16 de mayo. https://ciudadseva.com/texto/pasa-el-lunes/.

Esa infinita oscuridad estaba varada justo a un costado de mi alma. Tras esos golpes, comencé a maldecir a Dios por su forma de actuar en mi vida y me cuestionaba sobre quién pensaba que era como para decidir sobre mi existencia. De cualquier forma, no me tenía más que a mí mismo y al amor de mis hijos para levantarme. Me sentía con la espalda en el piso y sin un plan para poder salir a flote. En medio de esa circunstancia, comencé a entender un poco más a papá, al entrañable viejo. Ahora todo era más claro y comprendía muy bien lo que había sufrido. Entendí el fastidió que fui con él a causa de mis absurdos berrinches y que cuando termina una obra y el telón ha bajado, no hay forma de cambiar el acto.

La idea de ser padre de Tadeo me aterraba, no sabía cómo lo iba afectar el divorcio y la muerte de su hermano. Además, ni mi mente ni mi corazón se resignaban a la muerte de Ariel, pensaba: «ningún padre tendría que enterrar a un hijo». El que pierde a sus padres es huérfano, el que pierde a su esposa es viudo, pero no hay una palabra que defina el estado de aquel que pierde a un hijo, lo cual habla de lo inaudito de esta desdicha.

Podría escribir hojas interminables de historias sobre todo lo que hice para disfrazar y mitigar el dolor, pero solo te diré que cuando ya no pude más el portal de los muertos se abrió de nuevo para mí, así que decidí regresar a él una mañana de domingo. Ese día tuve una resaca terrible, la noche anterior no ocupé el cojín naranja de olanes ni con Mariana ni con nadie. Había estado solo hasta muy entrada la noche bebiendo una botella de wiski que no me hacía olvidar, por el contrario, me hacía muy clara la memoria. Me puse unos jeans y camiseta blanca para ir a aquel lugar. No estaba seguro de mi decisión, pero pensaba mucho en por qué papá me llevó, qué esperaba que encontraría ahí, tal vez era algo que él buscaba y que quizá halló.

Bajé las escaleras de forma apresurada para entrar al vehículo, ya que sabía que de no hacerlo así no me atrevería. Traté de hacer una ruta parecida a la que realicé en la primera visita, pasé por parques, museos e incluso el mismo zoológico. Al arribar, encontré la misma escena de hace veinte años. El anciano seguía en la entrada de la cueva. Para mi sorpresa, me reconoció y me dijo:

—Hola, André, han pasado tantos años y aún conservas esa candidez en tus ojos como la primera vez.

Hizo una seña para que pasara a la cueva, todo me era tan familiar, el tiempo había quedado preso en ese lugar. Lo único que habían cambiado eran los zafus, ya no se utilizaban, en su lugar estaban unos tapetes ergonómicos que ayudaban para las diferentes posiciones. Coloqué mi tapete en el suelo y me postré en él. La meditación guiada comenzó, ¡deseaba tanto poder hablar con papá tal como él lo había hecho con la abuela!

Seguí las indicaciones al pie de la letra, repetir una y otra vez ese mantra, la frase se fijó justo en medio de la cabeza y me relajó tanto que dejé de pensar en papá. En un instante, el gurú guardó silencio y mis pensamientos se hicieron más grandes. En esa primera meditación recordé, con gran exactitud, cuando mamá se marchó. Esa tarde mi padre me llevó fuera de la casa, nunca me dijo para qué, aunque él sabía que era para despedirme de ella. Me cubría del viento invernal con un abrigo azul y un gorro rojo y con mis botines campesinos pateaba las piedras que hallaba en el camino. Cuando levanté la mirada la vi sujetando esa maleta gris que ocupábamos para de ir de vacaciones a la playa. En ella ya tenía su vida empacada y un plan en el que ni mi padre ni yo estábamos incluidos. Me dio un beso en la mejilla y me prometió que pronto volvería. La abracé tan fuerte de la cintura que mi padre tuvo que intervenir para que la soltara y luego él me apretó contra su pecho por lo que me fue imposible escapar para ir corriendo detrás de ella. Lloré por varios minutos contra el regazo de mi padre y cuando al fin me liberó, mi madre se había esfumado. Me tomó del rostro y dijo que estaría siempre conmigo para amarme y cuidarme. Secó una lágrima que tenía en la mejilla y me agarró de la mano para llevarme de nuevo a casa. Hoy en día pienso que lo que a mi madre le faltó al viejo le sobró.

Esa fue la primera de varias visitas que hice al portal de los muertos después de tantos años, y en cada una de ellas tuve diferentes visiones. En otra ocasión, pude recordar cuando mi padre me enseñó a andar en bicicleta. Fuimos a un parque, él sujetaba el asiento de la bicicleta para que yo conservara el equilibrio y cuando fue el momento oportuno me soltó para que yo anduviera solo. Esa tarde me caí algunas veces, las mismas que él me rescató. Habían pasado más de diez visitas al portal de los muertos, cuando por fin se presentó. Me observó por un instante sin decirme nada. Su presencia era tan nítida y contundente que no se podía negar. No recordé haberle conocido, a pesar de ello, su mirada reflejaba algo de mi mirar. Era un joven de escasos 22 años con el cabello largo y los ojos color miel, su sonrisa era la misma que esboza una persona cuando por fin encuentra al ser amado. Después de un tiempo, se aproximó y me abrazó. Su energía y calidez eran tan puras que sabía que este joven provenía de algún otro lugar del cual yo no tenía memoria, ese donde se encuentran las respuestas de tantas incógnitas alguna vez pronunciadas. Nos separamos y casi de forma inmediata colocó su mano en mi hombro y me dijo:

—Tú estás bien, y yo regresaré cuando sea tu tiempo y no tu necedad.

Luego, desapareció de forma súbita. Esa mirada a otro mundo fue tan única que irremediablemente algo cambió en mí. A pesar de que me parecía ilógico que este encuentro con un desconocido pudiera generarme consecuencias profundas, al final así fue. Las angustias se transformaron en consuelo gracias a aquella acción y la promesa del joven hizo eco en mi fe. La vida de cada individuo es única, por ende, no se deben hacer juicios de valor sin antes conocer sus razones. Solté esa gran maleta de resentimientos que tenía hacia mis padres, hacia mí mismo e incluso hacia Ariel y, en el momento en que me sentí preparado, llevé a Tadeo a conocer el lugar donde todo cambió, donde todo inició. Él, a diferencia de mi actitud en la primera ocasión, aceptó gustoso. Asistimos un domingo temprano al lugar de meditación, él estaba muy emocionado por hacer «tareas en equipo». Mi maestro lo saludó y le dijo:

—Tú eres el pequeño Tadeo, que de pequeño no tienes nada... —y perfiló una sonrisa.

—Estoy alegre de conocer este lugar del que tanto habla papá —le contestó.

Cuando fue el momento preciso, Tadeo fue corriendo por dos tapetes. Hizo caso a cada instrucción, aparentaba que tenía práctica en la meditación. Repitió el mantra una y otra vez sin problema alguno, en definitiva, era diestro para este arte. Podría asegurar que él alcanzó de forma sorprendente un estado profundo de relajación, no obstante, en varias ocasiones lo vi sonreír, no sabía por qué lo hacía y tampoco quise interrumpirlo para averiguar.

Después de los acostumbrados treinta minutos de relajación, y estando fuera de la cueva, le pregunté:

—¿De qué tanto sonreías en la meditación?

—Papá, la pasé genial, ya quiero regresar —me respondió.

—¿Por qué, Tadeo?

—Porque nunca me dijiste que en este lugar enseñan a patinar.

Fruncí el ceño en gesto de sorpresa y me dispuse a escucharlo atentamente.

—Durante mi trance, me encontraba en una de las rampas del parque con mi patineta, al otro extremo estaba un joven que me miraba. Después de algún tiempo se acercó y platicó conmigo. Me contó chistes y, antes de irse, tomó la patineta y me explicó cómo debía saltar y al final me dijo:

«Cuando estemos en casa te enseñaré».

Aunque fue una lástima que ya no pudiera conversar más con él porque un señor le gritó:

«Ariel, ya vámonos, debemos de regresar».

Luego el señor se acercó, me saludó y me preguntó:

«¿Te puedo dar un mensaje para que se lo hagas llegar a tu papá?».

Yo le respondí que sí y él continuó diciendo:

«Cuando veas a tu padre, dile que aún lo sigo cuidando como cuando era niño. Asegúrale que el hecho de que no me pueda ver no significa que no esté. Coméntale que ahora soy esa ave que canta en su ventana, ese silencio que lo arropa cuando debe escuchar, soy la valentía que lo alienta cuando el miedo se apodera de él, soy el amor que hoy yace en su corazón, pero sobre todo, soy esa esperanza con la que se levanta cada mañana».

Creo que Tadeo nunca entendió el mensaje que me compartió o su trascendencia. Al llegar a la casa me mostró los saltos que aquel joven le había enseñado, o mejor dicho lo que Ariel le había mostrado.

El portal de los muertos fue el pretexto para curar la relación con papá y poder perdonar a mamá. El portal de los muertos trajo por un instante a mi hijo para darnos la despedida que nos merecíamos. Actualmente, Tadeo y yo lo seguimos visitando cada mañana de domingo con la esperanza de poderlos encontrar de nuevo, aunque para ser sincero, sé que ellos no volverán porque no pertenecen a ese lugar.

Sé que Ariel vendrá a mí cuando sea el momento indicado, mientras tanto Tadeo y yo seguimos haciendo tareas en equipo. Se me olvidaba comentarte que a nuestro escuadrón se ha sumado una linda compañera que por ahora guardaré como un hermoso secreto. Los tres seguimos asistiendo cada mañana de domingo al portal de los muertos a escuchar nuestros pensamientos.

Conociendo al séptimo monstruo

¡Qué importante es aprender a perdonar para seguir andando!

La mayoría de las veces pensamos que perdonamos a los demás por lo que pasó, cuando en realidad a quienes debemos perdonar es a nosotros mismos por el hecho de permitir que otros nos hayan lastimado sin que supiéramos o pudiéramos poner límites, pero ese límite no se aplica a los demás sino a nosotros mismos. Es el contrato personal que hacemos y mediante el cual nos comprometemos a no tolerar que alguien nos haga sentir mal.

El perdón es un regalo que nos debemos dar primero en lugar de pensar que es para alguien más. Es un pacto que se hace por nuestra paz y es tan personal que no es necesario compartirlo, no obstante, es importante saber que el perdón también significa soltar el resentimiento y las emociones que nos lastiman, incluso a esa persona que nos perjudicó, lo cual, en ocasiones, es más sencillo si son personas incidentales en nuestra vida y a las cuales no deseamos volver a ver, pero ¿y qué pasa cuando perdonamos a alguien que amamos?, en ese caso, dada la importancia que tiene en nuestra existencia, puede haber dos resultados: que logremos resarcir la relación o que nunca más nuestras manos se junten.

¡Qué dura elección!, ¿no?

A continuación, te pediré que pienses en una persona a la que amas y sientes que debes perdonar. Recuerda que el perdón es un proceso que podemos manejar cuando estamos dispuestos a aceptar nuestra responsabilidad en una circunstancia determinada y tenemos una actitud abierta para poder cambiar emociones, pensamientos y conductas. El perdón es por y para uno mismo, lo que sucede en la vida de los demás es solo una consecuencia. Ahora bien contesta las siguientes preguntas y con base en ellas toma una elección.

¿A quién te gustaría perdonar y por qué?

¿Qué te tienes que perdonar de esa relación?

¿Qué límites tuviste que haber puesto en la relación?

¿Decides perdonarla y resarcir la relación o soltarla de forma definitiva?

Si deseas continuar con la relación, ¿cómo te gustaría que fuera?

Después de haber contestado estas preguntas escribe un texto para ti donde te perdones y perdones a esa persona; no es necesario que se lo entregues a menos que así lo decidas.

LLEGO tu turno

La historia de Alan

Hola, me llamo Alan y tengo 39 años, muy joven para retirarme y muy viejo para volver a empezar. Los cuentos que tienes hoy entre tus manos y que espero hayas leído no son ficticios, algunos son fragmentos de mi vida y otros son tomados de mi tarea como fiel observador de lo que nos acontece como miembros de una misma sociedad.

A veces estamos tan dispersos e inmersos en nuestros asuntos que no apreciamos las historias que emergen en la calle, en el transporte, en el trabajo o en nuestros propios hogares. Ahora es necesario que conozcas la verdad de los personajes que en este libro te describo. Probablemente, te estés preguntando si alguna vez he sido o me he sentido como André, del portal de los muertos, o bien, si estoy en la transición que vivió Ezequiel, o es más, fui el joven Leonardo que vivió toda la fuerza de la ansiedad a su corta edad, o peor aún, que soy Franco y he pensado en suicidarme, si es eso lo que estás pensado, te diré que fui y sigo siendo todos ellos y ninguno a la vez. Ahora soy un hombre de edad media que todavía no se conforma con lo que ha vivido, por lo que anhelo vivir y sentir más, aunque eso a veces pueda representar angustia. No soy lo que soñé ni mucho menos lo que mis padres me prometieron que sería; a pesar de todo ello, prosigo mi camino.

Fui educado en la década de los noventa, donde los superhéroes empezaron a ser glorificados. Mis padres me formaron como para convertirme en un miembro de la Liga de la Justicia, por lo cual no debía tener miedo a nada ni a nadie. He enfrentado muchas situaciones que me han sobrepasado por instantes, sin embargo, he tenido un enemigo más letal que las propias circunstancias que he tenido que resolver; este enemigo o acompañante invisible me custodia día tras día. Él sabe cómo atacarme, conoce mis puntos vitales, a veces se enmascara en forma de ansiedad, depresión o desánimo, y otras veces se convierte en esa voz que viene del interior y me repite incesantemente que por más que lo intente jamás lo conseguiré. Si tan solo hubiera sabido que aquel a quien tenía que vencer todos los días era a mí mismo, no sé si hubiera aceptado la titánica misión.

Aun así, ya estoy, ya estamos aquí, por lo que creo que debemos hacer lo mejor posible con nuestras propias herramientas. Este libro refleja el esfuerzo que muchas veces hacemos por estar en la vida y continuar en ella y es una pelea que en la mayoría de las ocasiones es silenciosa, debido que son pocas las personas en las que confiamos para expresar lo que realmente sentimos.

Las líneas escritas en este libro son para las personas que como yo buscan su bienestar a pesar de los obstáculos, de los malos días y de ser ellos mismos. Para la gente que continua soñando a sabiendas que quizás lo que desean tal vez no llegue o llegue ya muy tarde; no obstante, entienden que esa posibilidad no es una derrota, al contrario, los dignifica porque comprenden que cada fallo representa un paso más hacia el éxito, ya que pueden descartar un camino y enfocarse en otro que los conduzca al triunfo.

Cada historia va dirigida a quienes, como yo, a más de sus 30, 40 o 50 años, no toleramos los domingos ni las vacaciones, porque sabemos que al día siguiente todo iniciará de nuevo y lo vivido quedará atrás, dejando una gran nostalgia en el alma y sentiremos ese vacío que queda entre la piel y el hueso, cuando algo muy bueno se ha perdido. Y nos encontraremos nuevamente el lunes por la mañana con la angustia que llamamos ansiedad y sin la certeza de que todo estará bien.

Estas anécdotas fueron mi compañía cuando el respirar, el caminar y el vivir me dolía. Ahora te las dejo con cariño en tus manos. Ten en cuenta que tú y solo tú eres el dueño y guardián de las mismas. Deseo desde el fondo de mi corazón que en estas historias encuentres las frases de aliento para continuar en un camino en el que muchas veces no existe el final feliz, sin embargo sí existe ese anhelo por intentarlo una vez más.

Creo que después de todo no somos muy jóvenes para retirarnos ni muy viejos para volver a empezar, solo somos seres humanos.

La muerte solo existe en la pobreza del alma...

Si quieres conocer a los monstruos,
accede a estos códigos bajo la cama

Lecturas recomendadas

El poder de trabajar en ti. Ejercicios para tu bienestar (Raquel Caspi Miller)

Querido Caos: ¡Gracias! (Wender García)

Frases (Volumen I). Vivir es nadar en un océano lleno de posibilidades (Jenny Arias)